百科通识文库

49

探秘古埃及

伊恩·肖 著
颜海英 译

外语教学与研究出版社
北京

京权图字：01-2006-6874

图书在版编目（CIP）数据

探秘古埃及 /（英）肖（Shaw, I.）著；颜海英译. -- 北京：外语教学与研究出版社，2015.8（2025.6 重印）
（百科通识文库）
ISBN 978-7-5135-6524-0

I. ①探… II. ①肖… ②颜… III. ①埃及－古代史 IV. ①K411.2

中国版本图书馆 CIP 数据核字（2015）第 198861 号

出版人　王　芳
项目策划　姚　虹
责任编辑　周渝毅
封面设计　泽　丹
版式设计　锋　尚
出版发行　外语教学与研究出版社
社　址　北京市西三环北路19号（100089）
网　址　https://www.fltrp.com
印　刷　北京盛通印刷股份有限公司
开　本　889×1194　1/32
印　张　7.5
版　次　2015 年 9 月第 1 版　2025 年 6 月第 6 次印刷
书　号　ISBN 978-7-5135-6524-0
定　价　20.00 元

如有图书采购需求，图书内容或印刷装订等问题，侵权、盗版书籍等线索，请拨打以下电话或关注官方服务号：
客服电话：400 898 7008
官方服务号：微信搜索并关注公众号“外研社官方服务号”
外研社购书网址：https://fltrp.tmall.com

物料号：265240001

百科通识文库书目

历史系列：

美国简史
探秘古埃及
古代战争简史
罗马帝国简史
揭秘北欧海盗
日不落帝国兴衰史——盎格鲁－撒克逊时期
日不落帝国兴衰史——中世纪英国
日不落帝国兴衰史——十八世纪英国
日不落帝国兴衰史——十九世纪英国
日不落帝国兴衰史——二十世纪英国

艺术文化系列：

建筑与文化
走近艺术史
走近当代艺术
走近现代艺术
走近世界音乐
神话密钥
埃及神话
文艺复兴简史
文艺复兴时期的艺术
解码畅销小说

自然科学与心理学系列：

破解意识之谜
密码术的奥秘
恐龙探秘
情感密码
全球灾变与世界末日
简析荣格
人类进化简史
认识宇宙学
达尔文与进化论
梦的新解
弗洛伊德与精神分析
时间简史
浅论精神病学
走出黑暗——人类史前史探秘

政治、哲学与宗教系列：

动物权利
释迦牟尼：从王子到佛陀
死海古卷概说
存在主义简论
《旧约》入门
解读柏拉图
读懂莎士比亚
世界贸易组织概览
《圣经》纵览
解读欧陆哲学
欧盟概览
女权主义简史
《新约》入门
解读后现代主义
解读苏格拉底

目录

前言

在距离阿斯旺市南部几英里远的费莱岛上，有一座伊西斯女神庙，神庙的一面墙上刻有一段简短的象形文字铭文。这段铭文的意义不在于其内容或含义，而纯粹在于它的刻写时间——公元 394 年 8 月 24 日，就我们目前所知，这是象形文字符号最后一次出现的时间。此后古埃及的**语言**存续了相当长的时间（费莱岛神庙上还有最后的世俗体象形文字的涂写，时间是公元 452 年 12 月 2 日），在某种程度上它还以古老僵化的形式存在于当代科普特教堂的礼仪典籍中。尽管如此，大约在公元 4 世纪末期，人们已经不再了解和使用象形文字。在 1822 年商博良解读象形文字之前，古埃及人的文字世界一直不为人知，学者们的研究几乎完全依赖于希腊罗马作家的记载，或者《圣经》中有关埃及的章节。因此，直到 19 世纪末，古典的和《圣经》中的埃及形象几乎一直主导着埃及学这一新兴学科。

在商博良作出突破性发现的180多年后，古埃及研究已经深刻影响到了许多当代问题，从语言学和“非洲中心论”到宗教崇拜和关于外星人的奇谈怪论。本书既讨论古埃及的考古和历史研究，也评析埃及及其诸多象征对于过去和现在的西方社会及思想的影响，目的是使读者对于主导当代埃及学研究领域的重要专题有一定了解，并试图探讨埃及文化依然深深吸引我们的原因。

这本小书集中讨论了“纳尔迈调色板”（约公元前3100年）——至少在开篇如此，概括了它对我们理解早期埃及文化的重要性。大部分章节都将调色板的不同方面作为讨论埃及学关键要素的出发点，这些要素包括历史、文字、宗教和墓葬信仰等。在这个框架下，本书偶尔会把当前的埃及学学术观点和发现与更为通俗化、商业化的观点——其中包括现代大众传媒对埃及的广泛宣传——进行对比。

图目

第一章

绪论：迄今为止的故事

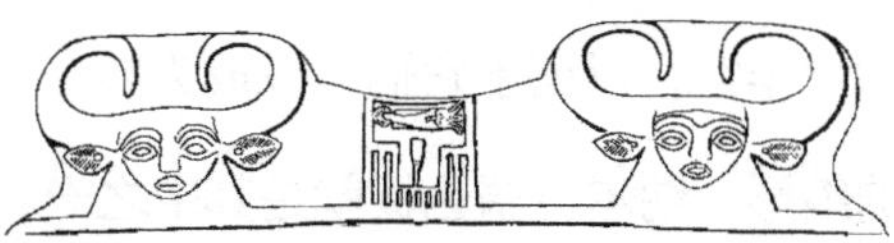

1898 年，英国埃及学家詹姆斯·奎贝尔和弗雷德里克·格林在上埃及的赫拉康波里斯一个早期神庙的废墟中发现了一块绿灰色的石板。这个发现不像 24 年后图坦卡蒙墓的发现那样令全世界的记者蜂拥而至，但这块石板的发现者马上就意识到了它的重要性。像罗塞塔石碑一样，这个石刻，即纳尔迈调色板，对古埃及研究产生了重大影响，其重要性远不止于赫拉康波里斯当地。在随后一个世纪左右的时间里，为了解决各种问题——从埃及国家的政治起源到埃及艺术与文字的本质等——埃及学家对该石板作出了不同的解读。没有哪个物品足以代表整个文化，但是尼罗河谷流传至今的一些手工艺品是如此具有代表性、所含信息如此丰富，以至于它们可以成为整个古埃及文化某些方面的缩影，纳尔迈调色板就是其中之一。

纳尔迈调色板

到位于开罗的埃及博物馆参观，人们最先看到的展品之一就是纳尔迈调色板。它是一块绿色石板，呈盾形，高63厘米，正反两面都刻有浅浮雕装饰。人们一般认为纳尔迈调色板出现在公元前4千纪的最后一个世纪[1]。调色板正面描绘有两只狮头怪兽（serpopards），它们的长颈交织在一起，分别被两名蓄着络腮胡的男子用带子拴着。类似这对怪兽的成对对称“驯兽”似乎来源于早期美索不达米亚的图像，或许也包括埃兰的图像，但是在埃及，这些驯兽可能代表着上下埃及的武力统一，是整个法老时期埃及艺术与文献的主题。

两头怪兽缠绕在一起的颈部形成的圆环巧妙地构成了一个凹处，也叫浅盘，它可以用来磨制描绘眼睛的颜料（这是这些调色板的本来用途），但是我们不清楚像纳尔迈调色板这么重要的仪式用品是否真的用来磨过颜料。像这样造价很高的仪式用具可能已经超越了所谓的实用功能，因为它们是献给赫拉康波里斯神庙的供品。在类似的其他

1　即公元前3000年左右。——译注，下同

图 1*a* 纳尔迈调色板正面，约公元前 3000 年

图 1*b* 纳尔迈调色板背面，约公元前 3000 年

仪式用调色板上，圆形凹槽可能会中断调色板的画面，这是人们不愿看到的。试比较同样由奎贝尔和格林在赫拉康波里斯发现的“双狗调色板”，其正面也有两头长着长颈的狮子，但是凹槽只是位于脖颈之间，而不是由脖颈相交形成（或者比较“战场调色板”，其中的凹槽位于一排俘虏中间，割断了画面）。

在纳尔迈调色板正面的顶部、两个怪兽的上面，艺术家刻画了一位早期埃及统治者的形象：他长着络腮胡，正向前迈步。从他身前的象形文字和调色板顶部位于两个母牛头之间的“王名框”里的象形文字来判断，这位统治者可能名叫纳尔迈。他头戴所谓的红冠，这种王冠最早出现在涅迦达一期（公元前4000—前3500）的一块陶片上，最终成为下埃及统治者的象征（但是这种关联形成于涅迦达一期还是纳尔迈时期尚未确定）。他手执权杖和连伽，身穿一件系于左肩的束腰外衣，腰部系着一条牛尾。

国王和其他6人列队前进，其中两人只有他身高的一半，他们在调色板上的位置是一个在国王前面，一个在后面，但这可能意在表示两人实际上走在国王的两边。他们胡子刮得很干净，显然是高级官员。左边的那个显然是持鞋者，因为他一手拿着凉鞋，一手拿着一个小器皿，胸前还挂着一个胸饰，可能是王印；他头部后上方有一个矩形框，里面有一个象形文字；这个符号可能代表芦苇船（但是在这一情境下意义并不确定），通常读作 *ḏb3*。他头部前方还有两个不同的符号，分别是叠加的玫瑰花饰和一个读作 *ḥm* 的符号，该符号后来具有几种含义，“仆人”为其中之一。国王右边的官员略高大些，头戴假发，身穿豹皮衣，脖子上好像挂着书写工具。他的身份可由他头顶上的象形文字 *ṯt* 来断定，这个词可能是“宰相”一词较早的写法。

从图上来看，国王和这两个官员，以及其他 4 个较为矮小的掌旗官（其中只有一人留着胡须），正在巡视被斩首的 10 个敌人的尸体，尸体在最右边，死者的头颅都被放在他们的两腿之间，这一情形可能出现在一次战役或者一次杀戮仪式之后。4 根旗杆顶部分别有两只鹰、一只豺狼（可能是韦普瓦韦特神），以及一个显然是王室胎盘的球状物，这些象征物或者图腾后来才为人所知。这些旗杆一起组成了一个后来被称作“荷鲁斯的追随者”（或“追随荷鲁斯的众神”）的组合，它们与王室庆典或者葬仪有密切联系。尸体上方有 4 个符号或者图像：一扇门、一只鹰、一条首尾都很高的船和一只举着鱼叉的鹰。

调色板的另一面是纳尔迈更高大、更强壮的形象，这次他头戴埃及的圆锥形白色王冠，身穿同样系于左肩的束腰外衣，腰部系着牛尾以及一端有母牛头图案的流苏。他将一个梨形权杖举过头顶，击打一个外国人（但他的举法有点怪，手抓在权杖的中间），而这次只有一个持鞋者陪伴（在他的后面或者侧面）。持鞋者的身高看起来依然不及国王的一半（尽管国王高高的王冠使他比画中的其他人物都要高），他头部的一侧再次出现了玫瑰花饰和 *ḥm* 符号。国王揪着俘虏的头发（俘虏的面部特征更像埃及人而不像利比亚人或亚洲人），在俘虏头部右侧有两个表意符号。多数埃及学家推测这两个符号是早期象形文字中的“鱼叉”（*w*ʿ）和“湖”（*š*），它们可能代表外国名字“瓦什”(*Wash*) 的读音，或者指某个名字、头衔、甚至出生地是“鱼叉（湖）”的人。看来，在调色板正面（见图 1*a*）被斩首的尸体上方的一组令人费解的符号中，举着鱼叉的鹰所要表达的也是化身为荷鲁斯 – 鹰的国王大败瓦什或者鱼叉。

在国王面前、俘虏的上面，鹰神荷鲁斯盘旋着，用一根系在俘虏鼻子上的绳子抓着这个被抽象化的俘虏。这个俘虏的背上伸出 6 根纸草，鉴于每个纸草代表数字 1000——正如在后来的法老时期那样，有人认为这个画谜的意思是“6000 个俘虏”。另一种不同的解释是这组纸草象征着俘虏们的故乡，也许是盛产纸草的北部埃及。“鱼叉”和“湖”的符号很可能既指国王的俘虏也指鹰所抓着的俘虏，因此二者实际上可能是同一个人。调色板反面的最底部是两个卑躬屈膝的裸体的人，可能也意在表示俘虏或死去的敌人。两人脸部左侧各有一个符号，他们的身体扭曲着，面朝左边，与上面两个俘虏面朝的方向一致（与国王和持鞋者的方向相反）。

自从纳尔迈调色板被发现以来，人们就一直在讨论这块石板上的浮雕的外观和复杂的含义。图像的风格以及国王纳尔迈身份的确定都表明它刻制于公元前 4 千纪，许多埃及文化中最有特色的元素就是在那时出现的。这些形象已经体现出法老时期艺术的某些鲜明特征，例如把画面分成若干个水平“格层”；将人和动物的正面与侧面结合起来，并以半图表法表现出来；用身高来表现每个人物的重要性。后一种正是权力的象征表达法。

对调色板的跨文化研究中，加拿大考古学家布鲁斯·特里杰指出，那个独具埃及特点的打击画面与意象研究中具有普遍性的各个方面之间取得了平衡。他指出，国王的精致服饰与俘虏的赤身裸体形成了鲜明对比，并援引埃纳图姆（约公元前2560年）的胜利石碑为证，在这个石碑上，宁吉尔苏神在对一群被网套住的裸体敌人挥动着权杖。他还注意到北美易洛魁族人有剥去战俘衣服和配饰的习惯，阿卡德人也有对“裸体的，戴脚镣的俘虏”的描绘。他与来自耶朱地兰的门楣上的玛雅浮雕作了一个有趣的比较，该浮雕表现的是一个叫做贾古尔鸟的统治者抓着他的两个敌人（约公元755年）。在这幅玛雅浮雕中，胜利的武士衣着华丽，而战败的统治者则半裸着身体，其中一人还被揪着头发。正如特里杰总结的那样：

尽管纳尔迈调色板上的画面不一定是描绘在战场上俘获敌人，但这两幅画面在心理层面上非常相近，虽然它们来自不同的半球且时间上也相隔甚远，彼此毫无关联。

图 2 耶朱地兰第 8 门楣，表现玛雅人抓获俘虏的情景，约公元 755 年

从某方面来说，这个评论可能适用于作为一个整体的埃及文化。我们不自觉地在两种对立的想法之间摇摆不定，一种是“他们和我们一样”，一种是他们是独一无二的埃及人。正如巴里·肯普在《古代埃及：对一种文明的剖析》（一本备受欢迎的介绍古埃及的长篇著作）中所说：

我们可以走入和走出［古埃及人的］思想世界，而不觉得他们的思维怪异，因为他们的语言和图像也是我们西方人自出生以来用以给现实世界分类的一种方式……我心中的古埃及更像是一个想象中的世界，尽管我希望它不会与原始古代文献有太过明显的出入。

在另一部有趣的埃及学著作——《纪念奥赛里斯》中，汤姆·黑尔提出了类似的观点：

古代埃及已经死了。没有人能够声称在种族或者语言上对它拥有与生俱来的特权。尽管经过了数千年时光的侵蚀，又有罗马人、科普特人、穆斯林、帝国军人、语文学家、市政工程师、游客等持续不断的毁损和掠夺，但是它的“亘古不变”以及怀旧的力量使埃及死而复生。尽管经历了这些劫难，埃及仍然存留了下来。

如果古埃及文化的魅力在于它的异族感与熟悉感的结合，那么埃及学家的任务就是运用现有的考古、图像以及文字资料区分以下两方面：一是对我们或古埃及人来说都是因文化而异的生活的某些方面，二是肯普所描述的那种“自从古代世界出现第一个城邦以来就已经确立的基本核心。”这当然不是研究古埃及文明的唯一原因，尽管这种思想模式使我们避免孤立地看待埃及，而是视其为人类在特定环境和历史条件下拿出的多种文化对策中的一种。

古埃及是什么

最早的“埃及人”（如果我们可以在埃及出现之前这样称呼他们）出现在约公元前 40 万年旧石器时代的非洲东北部，但他们直到约公元前 2.5 万年气候开始变得干燥起来时才开始在尼罗河附近定居，那时东部和西部沙漠已经形成。在中石器时代（约公元前 1 万年到 5000 年），一些半游牧民族在尼罗河谷附近定居下来，他们以打猎和捕鱼为生。约公元前 6000 年，随着气候逐渐湿润，越来越多的新石器时代的部落在尼罗河沿岸定居，他们主要以驯养和种植为生。

到公元前 4 千纪初，尼罗河谷北端出现了一种特殊的文明。这个地区雨量非常小（现在也是这样），因此埃及富饶的农田（古埃及人称为凯麦特，意为“黑土地”）是靠“洪水”来灌溉的，奇特的是，洪水每年都会泛滥，给河床带来了新的肥沃的淤泥层。随着河水蜿蜒北流，两岸耕地带的厚度也不等。因此，由位于东非的发源地向北流至地中海岸的尼罗河是埃及地理中最重要的元素。它将埃及分为两部分：一部分是上埃及，位于埃及南部，包括瓦迪哈勒法到开罗之间的区域，另一部分是下埃及，基本包括了埃及的北部地区，在那里尼罗河分成了几个支流，形成一个大而肥沃的三角洲，随后注入地中海。古埃及人称他们的国家为凯麦特（指黑色的沃土），与周围的杰塞瑞特（“红土地”或者沙漠）形成了对比。在这种简单而奇异的对称地理环境形成了一种发达的文化，这种文化在许多方面都无一例外地具有平衡与和谐的特性。

法老埃及历经了约3,000年（约公元前3100—前332），其文物包括手工艺品、建筑、文献以及残余的有机物等。全世界的博物馆收藏了数百万件埃及文物，而尼罗河谷和三角洲地区还有更多的遗迹，既有神庙、陵墓、城市，也有年代久远的岩刻，它们刻在利比亚沙漠、东部沙漠和西奈半岛等地的岩石碎片上。三大因素促使法老埃及有异常丰富的文物保存了下来：首先是贵族阶层追求豪华精致的墓葬；其次是干燥的气候条件刚好适宜文物保存，最后是文字广泛应用于各种媒介。

法老埃及再发现的历史在许多方面与其他古代文明一样，在遭到几个世纪的遗忘和掠夺之后，19 世纪末和 20 世纪的学者逐渐开始用更为文明的方式来进行研究。在这个大趋势下，埃及学的各个具体方面，如碑铭学、考古发掘、语文学、人类学等，都取得了不同程度的进步。

希腊人和罗马人对埃及的看法

在埃及之外，最早把埃及人作为一种独特而有趣的人类学现象来研究的是古希腊人。尽管埃及和其他地方的考古资料证明，早在公元前 3 千纪下半叶，埃及人和希腊人就有贸易往来，但实际上，公元前 7 世纪时第 26 王朝的统治者塞姆太克一世大量征募希腊雇佣兵可能才标志着两个文明之间的全面接触。

荷马在《伊利亚特》中多次提到埃及，除此之外，一些证明希腊人对埃及感兴趣的最早的文献来自于他们早期对全球地理的研究。公元前 6 世纪，米利都的泰勒斯描述了尼罗河的泛滥，他认为这是由夏季的北风引起的，北风阻碍了尼罗河汇入地中海。大约在同一时期，阿那克西曼德首次以科学的方法绘制了一张地球的地貌图；根据希罗多德的记载，该地图的一个铜版复制品上包括了“地球上所有的道路、所有的海洋和河流”，因此我们可以假设尼罗河谷也在上面。

在公元前 5 世纪到公元 2 世纪之间，很多希腊和罗马学者到访埃及，他们对于埃及之旅的记述是外来者对埃及的理性观点的最早的文字描述。然而，遗憾的是，许多古代作家关于埃及的著述都没有保存下来，主要原因之一就是公元前 47 年亚历山大图书馆被烧毁，以及公元 391 年 70 万册书丢失，其中就包括曼尼托的 36 卷本的埃及史（见第三章）。

第一位确知到访过埃及的希腊地理学家是米利都的赫卡塔埃乌斯，他在公元前 500 年左右曾南行至底比斯。他写了一篇名为《记述》的专论，该论文是第一部系统描述世界地理的作品。虽然现在只有残篇留存下来，但这篇文章显然包括对埃及的详细描述，因为拜占庭人斯提法努斯

（约公元 600 年）从中引用了 15 个埃及城镇的名字。

最广为人知、也是见闻最广博的到访埃及的希腊人要数哈利卡尔纳苏斯的希罗多德了。希罗多德是一名旅行家和历史学家，他的 9 卷本的《历史》创作于公元前 430 到前 425 年间，其中的第二卷全部是关于埃及的。希罗多德的著作是有关木乃伊制作和其他古埃及宗教和葬仪习俗的最早的主要文献来源。他吸引了众多的仿效者，包括斯特拉伯和狄奥多罗斯·塞库鲁斯。希罗多德在埃及的旅行最南可能曾抵达阿斯旺，但他没有详细描述底比斯，而是集中关注了下埃及。他的证据似乎主要来源于地位卑微的祭司，但他也会以自己敏锐的观察来判断，比如他断定金字塔是王陵。希罗多德不仅提供了大量关于公元前 5 世纪埃及的人种论方面的信息，而且还提供了一部后期埃及 200 年的历史，即从公元前 650 年左右塞姆太克一世的统治到公元前 450 年左右（那时埃及已经是波斯帝国的一个行省了）希罗多德到访埃及这段时期。考古活动偶尔也能证明希罗多德的描述出奇地准确，位于尼罗河三角洲东部、距离开罗东北 80 公里的太尔巴斯塔，即布巴斯提斯神庙和城镇的所在地就是一个例子。1887 到 1889 年间，埃德伍德·纳维尔对该地主要的纪念物——猫神巴斯太特的红色花岗岩神庙——进行了发掘，证实了这位希腊历史学家的报告中对埃及建筑的许多细节描述。

希罗多德对于埃及的描述被英国埃及学家艾伦·劳埃德形容为“我们对公元前 664 到前 525 年间埃及历史的唯一的连续记载，尽管有些记载有误，它仍然是所有关于这个时期的现代研究的基础”。劳埃德指出，公元前 5 世纪的埃及本土文献虽然内容广泛，但往往都千篇一律、刻板陈旧，可信度不高。然而，希罗多德自己也存在一些问题。劳埃德认为，他“提出了一种对于埃及历史的看法，但这种看法没有表现出对埃及历史的真正理解。一切都完全是为了投希腊人所好，并且被明确地描述成一种希腊的模式”。早在 1887 年，德国语文学家赫尔曼·狄尔斯就证实了希罗多德曾大量抄袭他的杰出前辈赫卡塔埃乌斯的著作，特别是埃及卷中有关地理和民族学的部分。有人由此认为应该是赫卡塔埃乌斯构建了基本的知识框架，这个框架成为希罗多德和后来多数描写埃及的希腊作家的特色。

第二个基于个人经历来大量描写埃及的希腊人是另一个叫赫卡塔埃乌斯的人（约公元前 320—前 300），他是一名哲学家和历史学家，出生于色雷斯的阿布戴拉镇。他有多部著作，其中一部可能叫做《关于埃及人》。他在埃及曾受雇于托勒密王朝的奠基人——托勒密一世，该书就是以他的这段经历为基础。尽管他可能的确曾与托勒密一世一起沿尼罗河而上，但他的作品中仍有许多内容是抄袭希罗多德的。赫卡塔埃乌斯是怀疑论者皮洛的学生，尽管前者只有一些残篇保留下来，但还是有许多著者引用他的著作，其中就包括狄奥多罗斯·塞库鲁斯。他关于埃及的著作是现存希腊史学作品中最早提到犹太人的。他的作品也体现了希腊人对于托勒密王朝早期古代埃及政治制度的看法，尽管他对于古埃及王权的观点似乎并不准确。以下提法就是如此：

一般来说，祭司最先审议最重大的事务，他们总是在国王身边，有时作为他的助手，有时作为提议人和老师；他们也通过占星和预言来预测未来，让国王了解那些对他有所帮助的圣书中记载的行为。

有人认为赫卡塔埃乌斯对托勒密王权的看法基于以下

两个因素：一是将祭司和祭司文献作为史料；二是希腊作者倾向于在描述“东方”的习俗时加入自己的看法。

并非所有希腊人前往埃及的目的都是研究书籍，一些人也会出于商业或军事目的来到尼罗河谷（或者只是经过），这些游客或“朝圣”者在到访过的景点和遗迹上留下了一些最早的涂鸦。美侬巨像的最北端是涂鸦最多的地方之一，美侬巨像是矗立在底比斯河西岸阿蒙霍太普三世祭庙废墟前的两尊巨大雕像（希腊人认为这两座雕像是“吟唱的美侬”，它们每天早晨发出的奇特鸣声正是《荷马史诗》里的人物美侬在为他的母亲——黎明女神厄俄斯而歌唱）。即使是远在努比亚的阿布辛贝尔的拉美西斯二世的神庙，也有迦南、希腊和腓尼基士兵留下的涂鸦，他们是公元前 6 世纪早期塞姆太克二世远征库什时的军队成员。希腊历史学家斯特拉伯在公元前 1 世纪后期曾经在亚历山大停留过几年，他提到了底比斯的几个纪念物，包括巨像和新王国时期的岩凿墓。尽管斯特拉伯的《地理学》总体来说不如希罗多德的作品信息丰富，并且更倾向于以居高临下的态度评论埃及文化，但它仍然是对公元前 1 世纪的埃及有价值的记载。

希罗多德及其后继者不仅为我们提供了后期埃及和希腊罗马时期埃及的信息，也帮助我们认识到埃及人所关注的知识和精神层面上的事物。尽管希腊和罗马作家看似经常对埃及人的宗教和哲学作出错误评判，但他们的反应往往和许多现代研究者的那种复杂的反应一样。例如，公元1世纪时的罗马讽刺作家卢西安曾一度为埃及总督服务，他曾写过一篇墨莫斯与宙斯的对话，真切地传达了罗马人在嘲笑埃及宗教习俗的同时又暗暗羡慕的心理。墨莫斯问道：

“你，狗脸的，穿亚麻的埃及人，你认为你是谁？以你的吠声，你如何认为你自己是神？……我耻于提到朱鹭、猴子和羊以及其他更滑稽的动物，它们从埃及偷偷溜到天堂，天知道是怎么溜出去的。众神啊，你们如何忍受，看着它们以与你同等甚至是更高的级别受到祭拜？而你，宙斯，当它们用一根羊角对你指指戳戳时，你如何忍受？”

然而，宙斯回应：

"你说的埃及人的这些事情的确令人震惊。然而，墨莫斯，它们大多数都有神秘的含义，一个尚未入门的人不应该嘲笑它们。"

《圣经》与埃及

埃及有希腊人和罗马人是毫无疑问的，但是将《圣经》里的叙述与埃及文献和考古学记录联系起来就存在明显的问题。由于《旧约》的年代背景不确定，多数学者在确定《圣经》中与埃及相关事件的年代时都遇到了障碍。而且，对于以色列人来说具有重大意义的事件对古埃及人未必同等重要，因此无法确定有独立的埃及文献存在，何况还只是极少数留存至今的文献的一部分。

直到公元前 1 千纪，《圣经》中才出现有确切年代的关于埃及的记载，那时有许多具体的关于埃及人的典故，尤以那些抗击亚述人和波斯人的战斗典故居多。以东的哈达可能生活在第 22 王朝的统治者"老奥索孔"（公元前 984—前 978）统治下的埃及。几乎可以肯定，第 22 王朝后来的统治者索尚克一世（公元前 945—前 924）就是《圣经》里的示撒，据说他曾于公元前 925 年洗劫了耶路撒冷和所罗门神庙。约两个世纪后，据说在撒马利亚的统治者何西阿书反抗亚述人入侵的时候，为了寻求军事援助，何西阿书曾经联系过埃及王子——舍易斯的太夫纳赫特。

然而，这些非常具体的提及统治者名字的记载纯属例外，一般而言，就古埃及与《旧约》中的叙述之间是否有可证明的联系这一问题存在很大争议。由于《圣经》所描述的事件大都是在发生几百年后才被记载下来，因此很难判断哪些是真实历史事件的描述，哪些纯粹是寓言性的或修辞性的。此外，还有一些因为埃及人名、地名或者文化现象的年代错误而可能产生的问题，这些人名、地名、文化现象不是出现在应当发生的年代，而是出现在创作这些文献的年代。例如，约瑟夫的故事通常被认为是发生在新王国时期（公元前 1550—前 1070），但它却包含了某些与舍易斯时期 (公元前 664—前 525) 的政局紧密相关的细节。

在《圣经》与埃及的联系问题上，最经常被讨论到的可能就是“出埃及”的故事了。一种广为流传的假设认为，拉美西斯二世（第五章将会谈到他的名誉）正是将犹太人驱逐出埃及的法老。证明拉美西斯二世与“出埃及”有关的证据极其薄弱——被奴役的以色列人在培尔拉美西斯城做苦力，而此地是拉美西斯二世及其父亲在三角洲东部建立的。也有人指出，早在拉美西斯二世在位初期，其长子阿蒙荷尔荷普塞夫似乎就没有任何相关文献记载了，一些学者认为他可能是英年早逝，因此在理论上有可能是《出埃及记》里面那个被杀的法老“长子”。然而，法鲁克·格玛认为这个儿子可能只是将他的名字改为了阿蒙荷尔威奈迈夫或塞特荷尔荷普塞夫，这两个名字一直到拉美西斯二世统治末期还有文献记载。如果格玛是正确的，那这个王子可能在拉美西斯二世在位第40年时还在世，由此推测他可能活到了50多岁，因此不太可能是那个被杀的长子。

遗憾的是，格玛的推论晚了半个世纪，没能阻止塞西尔·德米勒在他的著名默片《十诫》(1923)中把拉美西斯塑造成一个反面角色。而在20世纪90年代，梦工厂以《出埃及记》为背景制作了动画片《埃及王子》，片中的拉美西斯再次陷入尴尬处境，而这次显然是因为编剧对格玛严谨的推论并不了解。

一些埃及学家曾提出，《出埃及记》里面的法老实际上是拉美西斯的儿子及继承人美尼普塔，该观点的依据之一是：美尼普塔在位期间所立的一块“胜利石碑”是各种文献中最早提到以色列的。该碑立于他在位的第 5 年（约公元前 1208 年），内容包括颂扬美尼普塔战胜各国敌人的一系列赞美诗。以色列是在巴勒斯坦的敌人的名字当中出现的，值得注意的是，和这个词一同出现的是一个表示民族而非城市或地区的象形符号：

迦南及其所有的罪恶都被驱除了；阿什克伦被夺取了；格泽尔被占领了；亚诺姆已经被消灭了；以色列被摧毁了，它已被斩草除根；胡鲁已经成了埃及的寡妇。所有的土地都被夷为了平地。

然而，正如这段译文所示，石碑实际上几乎没有关于以色列起源和本质的描写，而且根本没有提到以色列人在埃及的出现，更不要说他们被驱逐。正如约翰·劳克林所强调的：

某些文献证据，如阿纳斯塔斯纸草第 5 卷……可能会使人们猜测有少数埃及奴隶可能时不时地逃离埃及，但是所有现存的埃及文献都无法证实《圣经》中所描述的“出埃及”的真实性。美尼普塔石碑与该问题毫无关联。

近年来，第18王朝早期的哈特谢普苏特女王甚至也成为了《出埃及记》中法老的可能人选，其理由是红海海水的分开可以被解释为爱琴海上圣托里尼岛火山爆发的结果（尽管现在多数人推测火山爆发于公元前1620年左右，比女王在位早150年），这种解释有些牵强。然而，加拿大埃及学家唐纳德·雷德福的观点更极端，他认为《出埃及记》只是若干个故事的大杂烩，它可能源于人们对驱除喜克索斯人（第二中间期时统治北部埃及的亚洲国王）的遥远记忆。在《埃及人摩西》一书中，简·阿斯曼提出埃及人把亚洲统治者从埃及北部驱逐了出去，这所代表的不仅是对喜克索斯时代终结的民族记忆，还可能是一种对所谓“异教的”阿玛尔纳时代（详见第九章）的神化。他认为，从本质上来说，《出埃及记》刚好利用了这样的民间故事使以色列人能够将自己定义为一个独特的民族：“在《出埃及记》中，埃及的角色不是历史的而是神话的：它帮助那些讲故事的人来界定自己的身份。”

埃及与《圣经》之间有某种文学（也许还有宗教）上的有趣的直接联系，那就是第104首赞美诗，它与对太阳神阿吞的赞美诗非常相似。相传这首赞美诗为法老埃赫纳吞所作，他将埃及宗教改革成了一个单一的宗教，有人认为是一神教。偶尔有人试图把埃赫纳吞与摩西等同起来（甚至包括西格蒙德·弗洛伊德，他曾出版《摩西与一神教》一书）。然而，这位法老在生活上，更确切地说是在对阿吞神的崇拜上，与《圣经》记载的摩西相差甚远。两首赞美诗的相似也许仅仅是因为它们有着共同的文学传统——它们很可能源自同一部近东作品。后期埃及的一篇名为《卡纳赫之子阿蒙涅姆普特教谕》的智慧文与《圣经》中的《箴言篇》也非常相似，这可能是出于同样的原因，尽管某些学者认为《箴言篇》的作者甚至可能受到过《阿蒙涅姆普特教谕》的影响。

具有讽刺意味的是，对《圣经》考古来说，我们对埃及与《圣经》相联系的文献和考古遗存研究得越多，这些关联看起来就越不真实、越没有说服力。正如约翰·罗默在《圣约书：圣经与历史》中所说：“考古既不能‘证明’

《旧约》中所记载内容的真实性，也无法对其进行‘证伪’，它只是关于内容可能具有的含义的现代理论。”埃及的“圣经考古”可能注定是一条死胡同，但在早期的埃及学研究中，古典作品和有关《圣经》的著述都起到这样一个关键作用：使人们以熟悉的方式探寻一个陌生而神秘的国度。

“埃及学”的出现

我们很难确定欧洲的古物研究被考古学所取代的日期，同样，对于“早期旅行家”的写作和搜集埃及古物何时演变为了类似于现代埃及学研究的行为，我们难以知晓。然而，在很多埃及考古史中，19 世纪初的拿破仑远征被视为记录和描述法老埃及遗存的首次系统尝试。这次远征留下的多卷本《埃及记述》的重要性不仅在于它高水准的制图术和精确性，而且在于它包括众多学者作出的连续而一致的评价，这是对古代埃及进行的首次真正而全面的评估。

尽管拿破仑的“专家”抱着科学的目的，但事实上，19 世纪时期所有在埃及的发掘都是为了给欧洲和美国博

图 3《埃及和努比亚全景》（1838）中的插图

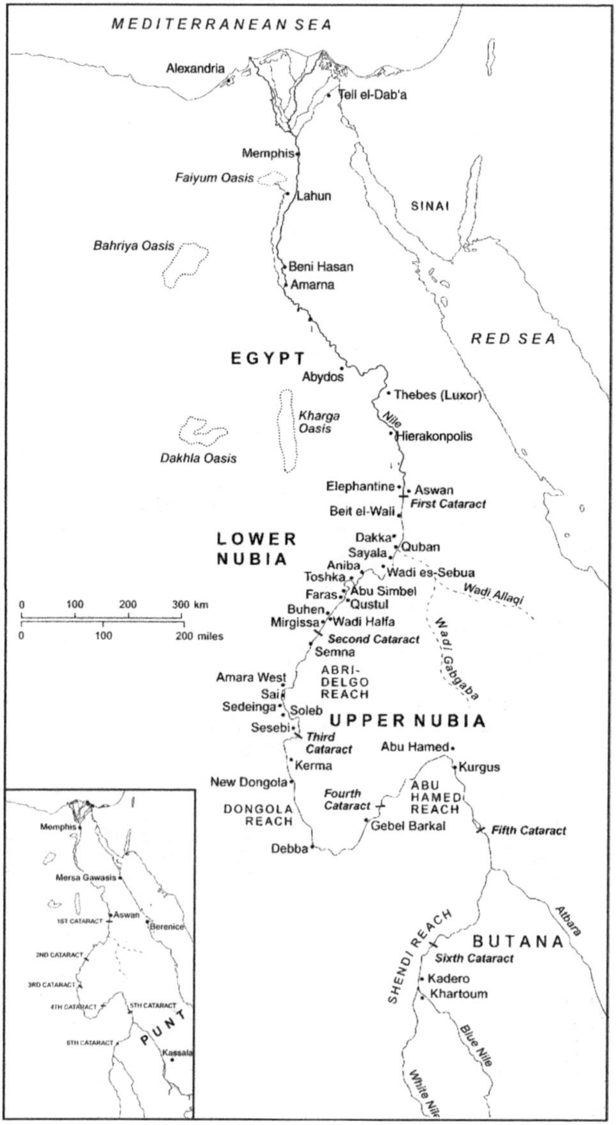

图 4 埃及和努比亚地区的主要遗址

物馆以及私人收藏提供艺术珍品，因为它们通常是探险队的经济来源。19世纪上半叶，欧洲探险队来到了埃及，引人注目的是，他们以极快的速度获得、消化并吸收了新信息，描绘出了法老埃及的概貌。1838年，法国建筑师赫克托·霍鲁发表了埃及“全景”，其中一幅插图展现了埃及的主要纪念物。该画展现了想象中的蜿蜒的尼罗河，亚历山大和地中海岸在最显著的位置，菲莱岛上的伊西斯神庙在远处。这张埃及图景涵盖了埃及最主要的建筑，从吉萨的金字塔到底比斯东西两岸的神庙。它生动地体现了埃及学基本要素的构建速度。早在19世纪30年代，加德纳尔·威尔金森就已经在其著作《礼仪与风俗》中全面而细致地介绍了古埃及。当然，19世纪中期的出版物中不乏错误、误解和漏洞，但是许多方面的基本原则已经确立，接下来的一个半世纪则主要是填补细节而不是开拓新领域。

从19世纪早期乔瓦尼·贝尔佐尼和贝尔纳迪诺·德罗韦蒂进行有组织的抢劫活动到19世纪90年代埃米尔·阿姆利诺和雅克·德摩根进行考古发掘，这一期间埃及考古学家使用的技术几乎没有任何进步。约翰·沃瑟姆在他的英国埃及学史中巧妙地把这一时期概述如下："尽管埃及学家不再使用炸药发掘遗址，但他们的技术仍然很粗糙。"

19 世纪埃及考古危害最大也是倒退最严重的一方面也许是与科学考古相对立的"清除"的概念。该词体现了这样一种谬论，即必须通过清除沙子来暴露出埋藏在下面的重要文物。这一概念阻碍了按照地层学原理进行的发掘，同时也不利于把遗址的所有组成部分——沙子、陶片、泥砖、高耸的石门——视为考古记录中同等重要且必不可少的部分。"清除"一词也会使人产生这样一种感觉，即人们只需要简单地发掘、陈列埃及文物，而不需要去分析、解释和重构。然而，19 世纪 80 年代以后，出现了更为科学的方法，逐渐推动埃及学研究进入了一个更为有序的时代。

19 世纪末 20 世纪初，当田野考古和分析的科学方法在考古学的各个分支中都尚未完善的时候，两位埃及学家——弗林德斯·皮特里和乔治·赖斯纳——以他们创新的方法为整个学科设立了新标准。这可能是埃及考古学在其历史上唯一一次走在了方法论发展的前沿，为欧洲和美国的发掘奠定了模式。虽然社会出身和教育背景不同，但皮特里和赖斯纳的职业生涯非常相似，他们都是先驱人物，而更相似的是，他们都主要依靠一位女性赞助人的资助（皮特里由英国女小说家阿梅莉亚·爱德华兹资助，而赖斯纳则由美国慈善家菲比·阿珀森资助）。

皮特里在埃及和巴勒斯坦的田野考古工作的创新性主要在于他对所发掘的考古遗存的每个细节都非常关注，而他的前人和同辈（甚至某些后人）则主要关注遗址的挖掘及对其重要特征的描述。19 世纪的其他“发掘者”倾向于不加选择地大面积清理考古材料，而皮特里却有策略地在每个遗址内选择一些地段进行挖掘，由此逐步构建整个遗址的全貌，并且不会破坏整个遗址。例如在阿玛尔纳，皮特里通过在该城市的各个部分发掘一系列不同类型的结构，在短短一个发掘季内就较好地掌握了这个复杂城址的概况。

赖斯纳约比皮特里晚 20 年开始田野考古工作，然而他的方法同样具有开创性。在某些方面他与皮特里非常相似，例如对细节的高度关注；但他也认识到不仅需要认真细致地进行勘测和发掘，还需要一丝不苟地记录下来，使未来的研究者可以通过记录再现遗址及其最初被考查的过程。由于大量研究成果尚未发表他就去世了（这是他过于精细的方法的缺点之一），这些研究结果就只好由后世的考古学家来解释和出版。赖斯纳成功的秘诀之一是在考古现场启用真正的多学科专家队伍，而不是日后再把考古材料交给科学家，那时这些材料的背景和现场意义就模糊了。例如，在纳加艾得代尔的前王朝墓地，解剖学家格拉夫顿·埃利奥特·史密斯就跟随着赖斯纳，对 N7000 号墓出土物进行了细致观察，为当代研究者提供了极其可靠的人类学研究资料库。赖斯纳还把系统使用截面制图的方法引入了埃及考古，时间是朱斯皮·菲奥雷利在庞贝首创这类地层学分析法之后的 40 年左右。此前，埃及所有的发掘者们（包括皮特里）只是简单地利用平面图的顺序来描述遗址的不同历史阶段。

然而，我们必须承认，皮特里和赖斯纳的成就在于他们突破了常规。历史上的埃及学研究大多极端保守，不管是概念术语还是发掘后的分析方法以及考古资料的解读。即使在 20 世纪 70 年代，与世界其他地方在史前和历史考古上取得的进步相比，埃及和近东的考古学家在分析和解读方法上几乎没有大的改变。当刘易斯·宾福德、科林·伦弗鲁和米歇尔·希弗等主流考古学家在扩充考古学的理论基础时，多数埃及学家还在单纯地埋头搜集数据和撰写历史。

在布鲁斯·特里杰的《考古思想史》中，只有少数几处提到了埃及考古：只有约一整页的篇幅介绍了皮特里发明的“顺序定年法”，它是系列法的早期形式。就埃及学对考古**思想**的贡献来说，这种评价也许是公正的，但在过去150年间，埃及遗址的发掘却源源不断地提供了许多有价值的考古**资料**。埃及考古资料的迅速积累使我们对法老时期的物质文明有了新认识，但更重要的是，它为地中海地区年代学框架的构建作出了重要贡献。埃及学对古代历史年表的形成起了至关重要的作用，这就使得查明法老时期年表中的错误在近年来变得更为重要，但已经确立的年表是一个由考古资料和文献资料组成的密集矩阵，很难进行拆分和重组。19世纪中期到二战期间，大部分埃及考古工作都体现出以下两种趋势：首先，早期考古工作的一个显著特点是对发掘资料进行严格的艺术－历史的、以实物为主的研究。其次，田野考古工作偏重于研究宗教和墓葬建筑，而不是日常生活中的手工艺品和建筑。这两种倾向严重抑制了埃及考古在观念上的发展，直到20世纪60年代，两大重要事件——对尼罗河流域史前史的研究和对法老时期城镇的发掘——才最终开始对整个学科产生影响。

在分析埃及学研究的变化趋势时（见表1和表2），戴维·奥康纳证明了在1924到1981年间，已出版的田野考古著作中有关聚落的出版物所占的比例几乎翻了一番。到20世纪90年代，形势发生了更为戏剧性的变化，据1989—1990年间埃及学出版物的目录显示，至少有44.4%的田野考古工作是关于聚落遗存的，而对非纪念性的墓地的发掘则相应地急剧减少。因此，当代埃及学家无疑更注意“平衡”和总体把握他们现在研究的考古资料类型。下一章我们会讨论不同类型的考古发现、分析以及对新旧考古证据的解释。

表1　已出版的埃及学著作的比例

		1924	1981
语言与铭文	铭文为基础	15.5	19.1
历史与宗教	铭文为基础	17.2	10.8
社会与文化	铭文为基础	3.5	5.5
艺术		2.0	4.6
考古（包括碑铭学与考古报告）		33.2	27.2

表 2　考古报告类型的比例

出版年代	纪念性的		非纪念性的		勘测
	墓葬	宗教	墓地	聚落	
1924	34.1	20.7	30.5	13.4	1.0
1981	36.2	13.0	8.7	23.2	15.9
1982	34.6	17.9	11.5	17.9	17.9
1990	27.8	16.7	5.6	44.4	5.6

除了 1990 年的数据之外，所有数据都摘自戴维·奥康纳的《埃及学与考古学：非洲视角》，载于 P. 罗伯肖主编的《非洲考古史》（伦敦，1990）。

第二章

发现与发明：构建古埃及

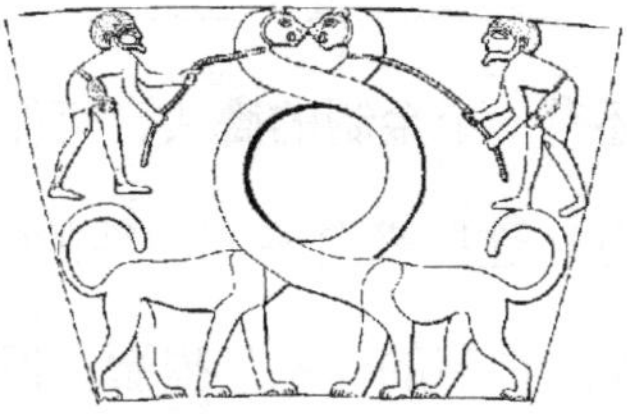

距离纳尔迈调色板的发现地一米处，埋藏着一批前王朝末和王朝初期的仪式用具（公元前3100—前2700），其中包括用于祭祀的调色板、权标头和象牙小雕像。自从奎贝尔和格林发现这些手工制品以来——他们称之为“大宝藏”——它们就是我们理解埃及国家起源的最重要的一组证据之一。不幸的是，由于没有已经发表的该遗址准确的平面图和地层截面图，这一早期重大发现的确切日期和重要性仍不明了。在该遗址的周边地区，发掘者还发现了埃及王朝末期的几件很有价值的遗物，其中包括两尊独特的古王朝末期统治者培比一世（公元前2321—前2287）的铜合金雕像，还有一个金制的鹰头，可能是神庙里一座宗教雕像的一部分。这些来自不同时期的物品混杂在一起，表明它们是王室给神庙的一系列捐赠，但我们无从知晓这些赠予神庙的物品是由前王朝晚期到古王国时期的众多统治者分别赠予的，还是由古王国或中王国时期的某个统治者一起献给神庙的。

奎贝尔对“大宝藏”及其毗邻地区的发掘工作作出了评论，真实地传递了一种绝望情绪，认为他们的技术达不到这项工作的要求。

日复一日，我们坐在这个洞里不停地刨着土，并且试着将发掘出来的物品理清；因为它们随处可见，每一件都与其他五六件有联系，它们相互交叉，就像一把在手中摇晃后抛到桌子上的火柴一样。

在《法老前的埃及》一书中，美国史前历史学家迈克尔·霍夫曼概述了奎贝尔和格林如何把事情弄得一团糟（尽管他可能错误地低估了他们在赫拉康波里斯工作的复杂性）：

不幸的是，我们甚至不能确定这个最生动的证据“纳尔迈调色板”来自何处。显然，它是在“大宝藏”附近发现

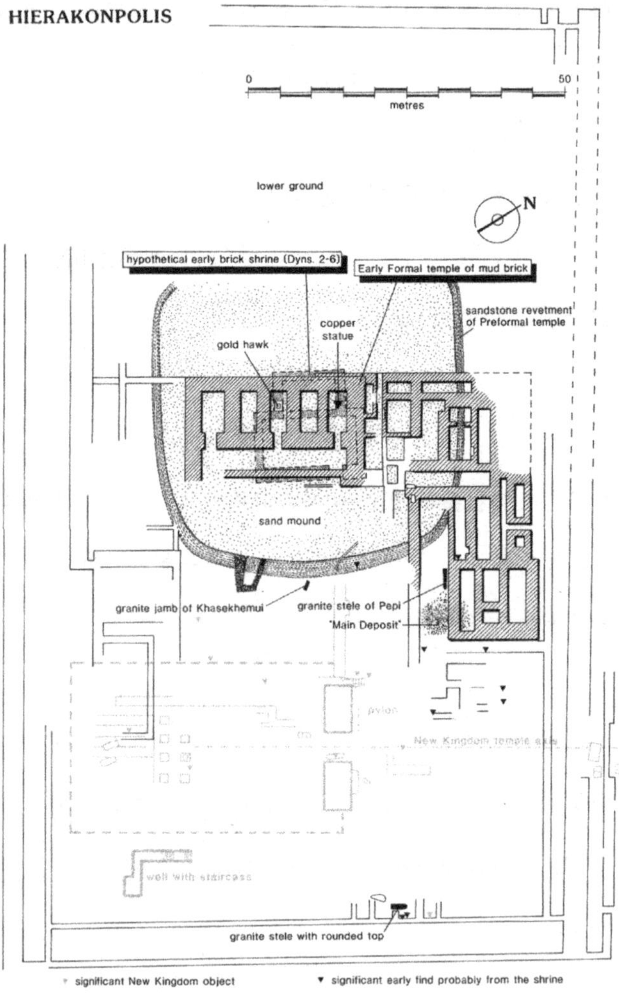

图 5 赫拉康波里斯平面图，图中标示了“大宝藏”及其他物品的发现地

Treasures of Tutankhamun – Latest

TOMB AFTER TOMB OF AMAZING DISCOVERIES REVEALED!

DUST-encrusted archaeologists today abseiled gingerly down through the foetid air of an ancient spiral staircase into the ancient subterranean necropolis of Ben-Gazzara.

There for the first time since 1922 they shone sand-choked torches into what is believed by experts to be Tutankhamun's ancient Department of Trade and Industry, or possibly ancient DVLC.

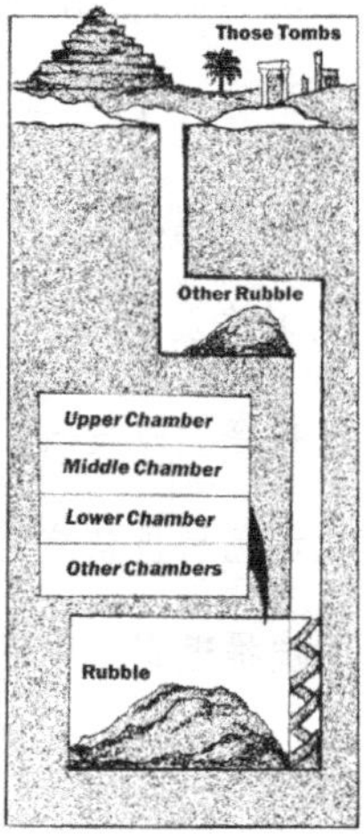

FABULOUS WEALTH

Rumours quickly spread that there was absolutely no sign of any ancient solid gold sarcophagus or similar.

But as near-exhausted Egyptologists worked in shifts through the hot and stuffy night, a painstaking inch-by-inch search for ancient jewel-encrusted artifacts also drew a disappointing blank.

DRIPPING WITH GOLD

Then suddenly, in the rubble-strewn ancient burial chambers and mud-baked network of ancient tunnels which may once have linked The Boy King's DTI with his once-glorious ancient Office of Fair Trading in Luxor, one or two faded hieroglyphs turned up.

In hushed tones which belied almost hysterical excitement, sweating archaeologists suggested that these almost definitely would fill massive historical gaps in our knowledge of where to find unlooted ancient treasure houses dripping with gold.

INCREDIBLE

Nearby, in the ancient Valley of the Fools, just yards from where the team could easily have stumbled across pile after pile of ancient ceremonial chokers inlaid with rubies, excitement was at fever pitch.

Incredibly, they had unearthed evidence of what once might have been the ancient Mayan DHSS centre at Cairo NE99 2LU.

TREASURES FROM THE TOMB

According to Egyptologist Mortimer van Dijk, mile after mile of ancient labyrinthine corridors, which criss-cross the stygian gloom deep beneath the hot swirling sands, could one day yield an unprecedented ancient horde of rich fragments and/or Aladdin's Cave of fascinating shards.

UNBELIEVABLE

Meanwhile, an ancient piece of papyrus reed, over an inch long and more than likely crafted about 1361 BC into the shape of a vulture's knee, was carefully dusted off.

It stood as unbelievably mute witness to what perhaps were once the ancient workings of The Necropolitan Water Board or North Nile Gas.

Both probably worshipped richly painted vultures, or at any rate finely chiselled she goats, and surely must have stashed their fabulous takings somewhere round here.

YET MORE MAY BE FOUND

Tomorrow archaeologists will clear ancient debris from an ancient archway, believed once to have soared above an ancient door.

No one knows for certain whether it will indeed prove to be the fabled Lost Door To Tutankhamun's Once All-Powerful VAT Sorting Centre.

A fragment of ancient dust, shown actual size –

Another tell-tale ancient shard is unearthed.

PUNCH February 26 1986 13

图 6 对发现玛亚墓的讽刺性报道

的，但与其他物品并不在同一处。从格林的考古日记看（奎贝尔没有记录！），它好像是在离“大宝藏”一两米处被发现的，格林在 1902 年发表的报告中提到，它很显然是在前王朝末期的地层中发现的，这使得纳尔迈调色板的年代回溯到了上下埃及统一（即公元前 3100 年）前的一两代。但两年前，在奎贝尔发表的关于赫拉康波里斯的第一份报告中，纳尔迈调色板被认定为发现于“大宝藏”区，这使得它出现的时间被推迟到了中王国时期（约公元前 2130—前 1785）。

奎贝尔和格林在赫拉康波里斯发现的纳尔迈调色板的特性和背景凸显了这样一个事实：如果文物出土的整个情境没有被准确地记录下来，一些伟大的发现甚至也有可能变得毫无意义。即使是再小心谨慎的发掘也有可能遇到解释的问题，但反过来，如果这些发现是以一种不科学的方式进行或者发表的，我们就不太可能了解它们的全部意义。

在历史上，埃及学的资料非常丰富，因此埃及学家常常一味地搜寻资料。连续不断的新发现使得考古证据在数量和多样性上进一步稳步提升。然而，引人注目的是，媒体对埃及考古发现的反应，以及对这些发现及其主要发现者的描绘，使得埃及考古发现成为了一种陈词滥调。1986年，英国《笨拙》杂志生动地讽刺了媒体对某个新发现过分夸大其词的报道，如一个名叫玛亚的图坦卡蒙的司库的坟墓，被夸大为一个小型的图坦卡蒙陵墓。看到那些埋藏的宝藏发出的闪闪金光时，报纸的报道风格就习惯性地变得俗套而幼稚。

这个学科并不是单纯依靠发现新资料来取得进展的。不同时代的埃及学家都采用了新的理论范式，逐步改变着人们对古埃及文化的已有认识。第二，新方法——如新的发掘技术或尖端的科学分析方法——在许多时候已经转变了我们对古代埃及现存证据的认知。不管媒体如何夸张，某些考古发现还是真实地代表了该学科发展史上的重大转折点，如 1987 年在太尔艾尔达巴遗址发现的爱琴海风格的壁画，或 19 世纪 90 年代在阿玛尔纳发现的一个保存着大量楔形文字泥板的地窖（即所谓的阿玛尔纳书信）。和纳尔迈调色板一样，人们很快认识到这两个发现不仅仅是埃及学这块“拼图”中新的关键组成部分，而且是新的信息类型，它们推动了对现存资料模式进行的重整，这种重整是非常重要的。

太尔艾尔达巴的壁画

20 世纪 60 年代以来，奥地利考古学家曼弗雷得·比塔克就开始在太尔艾尔达巴发掘阿瓦里斯城址，该城曾是来自叙利亚 – 巴勒斯坦的喜克索斯人的首都，他们在第二中间期控制了北部埃及。太尔艾尔达巴纵深的地层分布使我们能够观察一个青铜时代的大聚落的居住模式在几代之间的变化。20 世纪 90 年代早期，发掘的中心是位于该遗址西部边界的赫尔米庄园的一个第 18 王朝早期大型宫殿建筑的地基。1987 年，在紧邻宫殿的古代花园的碎石堆中，发现了许多米诺斯风格的壁画残片，其中一部分来自于一些“戏牛”图，这些图与著名的克诺索斯青铜时代中期宫殿中的壁画非常相似。尽管此前在许多埃及新王国时期遗址中都发现了米诺斯和迈锡尼的陶罐，这些陶罐通常被认为是埃及与爱琴海地区贸易往来的证据，但太尔艾尔达巴的米诺斯风格壁画的出现则表明：在第 18 王朝早期（约公元前 1550 年），阿瓦里斯的居民中实际上已经有了来自爱琴海的家族。还有研究表明，太尔艾尔达巴的米诺斯风格壁画频繁地使用了一种红色背景，这表明它们的年代甚至要早于那些克里特岛和希拉岛（圣托里尼）的壁画。

既然在埃及遗址中出现了米诺斯壁画，由此可以推测当时埃及也许有米诺斯艺术家，这就可以解释第 18 王朝早期的埃及陵墓中为何会出现“飞奔”（即表现撒腿狂奔的动物）等爱琴海特色的壁画。在利凡特古城的两个遗址中（卡巴里和阿拉拉赫）也发现了类似的米诺斯壁画的残片，与在阿瓦里斯发现的一样，这些残片似乎也与贵族统治阶级有关。能将横跨地中海东部的各种文化的年代顺序连在一起的关键因素并不多，该发现就是其中之一。

这一发现也提出了一个问题：究竟什么是“米诺斯”文化？在太尔艾尔达巴壁画被发现之前，我们一直认为克里特岛是“米诺斯”艺术的发源地，当这种艺术在其他地方出现时，我们则认为这是克里特人以贸易或者移民的方式与地中海地区其他文化进行交流的标志。而埃及三角洲地区“米诺斯”艺术的出现要早于克里特岛，这说明“米诺斯”艺术可能源于克里特岛之外，尽管到目前为止，太尔艾尔达巴是埃及唯一一个发现有“米诺斯”艺术的地方，也就意味着“米诺斯”艺术可能并非源自埃及文化。

阿玛尔纳书信

和太尔艾尔达巴壁画一样，阿玛尔纳书信也是一个意外发现，因为它们实质上是埃及考古中“非埃及的”发现。这两个发现有着同样深远的意义，因为阿玛尔纳书信对我们理解青铜时代晚期埃及和近东地区的政治和历史产生了深刻的影响。阿玛尔纳书信的故事始于1887年，那时，一位乡村妇女在挖掘用作肥料的古代泥砖（阿拉伯语为 *sebakh*）时，发现了许多美索不达米亚和利凡特的刻有楔形文字的小块泥板。这一发现引发了更多的非法发掘，古董市场上出现了很多这样的泥板。当时这些泥板的重要性并没有马上得到确认，很多泥板都流入了私人手中，但大英博物馆的瓦里斯·巴奇却认为这些泥板是真品，并且大量买入。时任牛津大学亚述学教授的阿奇博尔德·塞斯总结了它们的重要性：“单这一项考古发现就对众多的学术讨论、精妙的理论以及怀疑性的论证产生了巨大冲击。”

1891到1892年间，弗林德斯·皮特里在阿玛尔纳进行后续发掘时又发现了几块泥板，由此确定了大批泥板的发现地点就在埃赫塔吞古城的中心，这些泥板都是在一个被断定为“王家档案库”的建筑的地下发现的，由该建筑的泥砖上的印章及周边建筑物即可断定。在 20 世纪的前几十年，德国和英国的发掘者又在阿玛尔纳发现了一些泥板，泥板的总数达到了 382 片，分别收藏在大英博物馆、柏林的博德博物馆、卢浮宫和开罗的埃及国家博物馆。然而，由于大多数的泥板都是通过最初的非法挖掘而不是科学发掘发现的，因此不能确定它们的准确来源。关于这些泥板的确切年代也尚存争议，但它们的时间跨度为 15 到 30 年，约始于阿蒙荷太普三世 (公元前 1391—前 1353) 执政的第 30 年，持续至图坦卡蒙统治（公元前 1333—前 1323）的第 1 年，大部分是在埃赫纳吞的统治时期（公元前 1353—前 1335）。尽管泥板上也出现了亚述人、赫梯人和胡里安人的语言，但多数泥板上的铭文都是用一种叫做阿卡德语的方言写成的，这是当时的一种通用语。

档案中的大多数文件是埃及与巴比伦、亚述等西亚强国或与叙利亚和巴勒斯坦等附属国之间的外交信函。虽然来自埃及统治者的信函很少，大多数都是由其他统治者寄来的，但这些信函仍然能够生动地描绘出埃及与这些国家的外交关系。对这些信件的一种理解是，它们证明了埃赫纳吞统治时期埃及帝国的瓦解。由于这位所谓的“异端法老”只留下了很少的军事活动的记录，因此人们认为，他由于一心在埃及推行宗教和政治改革而忽视了外交政策。另外一种相反的观点则认为，我们只是碰巧得到了这批埃赫纳吞统治时期的文件，如果类似的新王国早期或晚期的档案也保存下来的话，其中可能同样会有被包围的叙利亚－巴勒斯坦城绝望地向埃及求助的内容。换句话说，我们对埃及对于叙利亚－巴勒斯坦有影响力的看法在很大程度上是基于埃及人自己对战役和胜利的记载，而阿玛尔纳书信中记载的这种外交事务的混乱状态，实际上是整个新王国时期埃及“帝国”的正常状态，并不是暂时的失常现象。

另一个在阿玛尔纳书信的翻译和解读过程中出现的争论就是阿匹鲁人的身份问题。许多来自叙利亚－巴勒斯坦附属国的泥板中都提到了一群被称为“阿匹鲁”的人，在整个公元前两千纪，他们似乎已经遍布整个近东地区。由于第一次翻译阿玛尔纳书信时这个名字被写成了 Hapiru

或 Habiru，一些《圣经》研究者便立即开始探究这些词是否是最早表示希伯来人的词汇，有的学者甚至还将阿匹鲁的进攻同约书亚侵入迦南的记载联系起来。然而，还没有任何决定性的证据表明，表示种族的专用名称 Apiru（阿匹鲁）和 Ibri（希伯来）在词源上有什么关联；我们甚至还不清楚阿匹鲁是指一个民族、一个社会群体还是一个经济阶层（或者三者皆有），还有一位评论家指出这个术语与“社会的抢劫团伙”同义。约翰·劳克林在《考古与圣经》中指出，“毫无疑问，并非所有的阿匹鲁人都是希伯来人，而是否有希伯来人曾经是阿匹鲁人，现在仍在讨论中。”

阿玛尔纳书信不仅使我们对当时的政治形势有所了解，还清楚地展现了当时的贸易关系，以及诸如玻璃、金子和新传入的铁这些特殊商品的价值，同时，阿玛尔纳书信中使用的不同落款也显示出写信人相对于埃及王廷的不同地位。1996 年，一场具有创新意义的会议（2000 年出版了《阿玛尔纳的外交》，由科恩和韦斯特布鲁克主编）召开，历史学家、社会学家和外交官齐聚一堂，讨论了“阿玛尔纳时代的国际法”、“外交信号”和对阿玛尔纳外交的“社会心理学”分析等主题，并分析了阿玛尔纳时期的外交状况。各领域专家意见的创新性结合使对阿玛尔纳书信的研究步入了埃及学家以前从未思考过的一些新领域。

除了依据新的文本分析之外，人们也开始以更科学的视角对阿玛尔纳泥板进行研究。以色列地质学讲师尤瓦·戈伦博士用岩相分析法来研究形成这些泥板的黏土，其目的是将这些泥土同地中海、近东和北非等地不同遗址的地质状况进行比较，试图由此推断出阿玛尔纳书信的发送地。通过这种方法，戈伦解决了阿拉西亚王国所在地的问题。该王国向埃及以及其他国家供应铜，它可能位于现在的塞浦路斯、希里西亚、叙利亚西北部，甚或是以色列南部。在大英博物馆的 8 块“阿拉西亚书信”泥板中，有一块看上去同其他泥板的构造大不相同，这意味着这块泥板可能并非一件埃及本地制造的复本，而是由阿拉西亚当地的泥土所制成的信件原件。该泥板由淡粉色的泥灰质黏土制成，夹杂着很多亚绿泥石和辉绿岩的碎片，这表明这种黏土产自一个以火成岩为主的特定地区。戈伦认为，这有助于将可能的选择范围缩小在塞浦路斯的托罗斯山、安纳托利亚的基祖瓦特纳地区以及叙利亚西北部的比亚巴辛地区。而后，他首先排除了基祖瓦特纳，因为该地当时正处于埃及最大的对手——赫梯人的统治之下；其次又排除了叙利亚西北部地区，因为该地区在地质上的差异太大；而另一方面，在塞浦路斯正好有一个地区在各方面都与证据相吻合。从地质角度来看，该地区位于辉绿岩构成的托罗斯山脉与毗邻岛屿的泥灰质部分之间，可能出产由辉绿岩和泥灰质混合而成的粉色黏土，而那个泥板正好是用这种材料制成的。值得注意的是，自青铜时代中期以来，塞浦路斯的这个地区一直是出产铜的地方。塞浦路斯通常被认为是阿拉西亚最有可能的所在地，而戈伦的分析似乎为该理论提供了有力的科学证据。

尽管大多数阿玛尔纳档案由信件组成，但其中也包含32 份其他文献，这些文献似乎与国际外交没有直接联系。它们很可能与书吏教育和翻译活动有关，其中一块泥板上有个类似于字典的阿卡德语和埃及语的词汇表、一个字音表的片断和一些书吏的练习题及文学作品。因此，我们不仅有王室间的通信资料，还有一些证据证明受雇书写并翻译这些信件的书吏的活动。

威尔伯的腓尼基卷轴、皮特里的新种族及其他尴尬事

由于对埃及文明图景的不断调整和重构，我们能够周期性地回顾并重新解释早期的发现，有时甚至是从根本上重新解释。尽管太尔艾尔达巴壁画和阿玛尔纳书信的发现背景迥异（而且时间上相距近一个世纪），但它们都很快被认定为重大发现。然而，有很多重要发现在最初被完全误读或是被认为无足轻重，在很久以后才被认为是极其重要的证据来源。例如，1890 到 1893 年间，美国考古学家查尔斯・威尔伯从象岛当地妇女手中购买了 9 张带有封印的纸草卷。他最初认为这上面写着某种腓尼基文字，但他最终推断：这些文字实际上是阿拉姆语（公元前 1 千纪近东地区使用的语言文字）。这些卷轴被他束之高阁，直到 1953 年他的女儿将它们赠予布鲁克林博物馆之后才公诸于世。事实上，这些文献——以及后来在发掘象岛的过程中出土的其他文献——后来被证明是有关第一波斯王朝时期埃及生活最重要的文献资料。

令人惊讶的是，在著名的弗林德斯・皮特里的职业生涯中，也有一些起初对重大发现的误解。在 1895 年对涅

伽达墓地的发掘中，他发现几乎所有的墓都有一个长方形的墓坑，有的墓坑还有泥砖砌边，墓坑中有一个或多个呈胎姿的尸体，他们被放置在芦苇席上，头朝西方。有些尸体似乎在埋葬之前就已被肢解了，并且还有一些人殉的迹象。随葬物品数量不等，通常有陶器、石制器皿、调色石板、燧石刀、珠子、手镯和小雕像等。皮特里立刻意识到这与传统的埃及墓葬有很大不同，他得出结论：这些墓属于埃及之外的一个“新种族”，该种族可能在古王国晚期入侵了埃及。然而，结果证明，无论从年代学还是人类学上来讲，这一结论都是大错特错。对皮特里来说，这个错误让他最为难堪的是：他最大的竞争对手雅克·德摩根在公布阿拜多斯的一组类似的墓群时作出了正确解释。葬于涅伽达和阿拜多斯墓地中的人之所以特别，并非因为他们是一个“新种族”，而是因为他们是史前时代晚期的埃及人，他们悠久的文化出现在法老时代之前，只是此前几乎不为人知。似乎是为了弥补这个重大错误，皮特里继续利用涅伽达的材料发明了巧妙的“顺序定年法”。这个类型学系统帮助他创建了第一份前王朝时期的年表，很多人认为这是他最伟大的成就之一。

图 7 21 世纪的埃及田野调查，在萨卡拉进行的地球物理勘测

相反，埃及一些最著名的发现并没有显著影响到我们对埃及的看法。以霍华德·卡特发现的图坦卡蒙陵墓为例，自 20 世纪 20 年代起，该发现显然极大地影响了公众对埃及学的认识，但是，它除了让人们第一次领略法老随葬品的奢侈程度、推想像阿蒙霍泰普三世和拉美西斯大帝这些更著名且长寿的法老们的陵墓中也有同样的随葬品之外，并没有提供多少真正的新史料。可以说，卡特最伟大

的成就在于他大大提升了埃及考古学的公共形象，但是该墓的内容却并没有使埃及考古走向新的研究方向，也没有改变任何对重大历史问题的看法（除了图坦卡蒙头骨底部钙化的血块证明他有可能死于谋杀）。这个陵墓也许是考古史上最令人兴奋的发现，而墓的内容也提供了越来越多的关于公元前 14 世纪的技术的各方面信息，而这些对埃及学家来说还远远不够……

走向科学的埃及学

随着越来越多的新方法运用于勘测、发掘和分析等领域，专业埃及学家也开始需要对诸如生物人类学、地质学、遗传学和物理学等若干科学领域略知一二。这些学科为埃及学将来的研究提供了新的动力和方向，埃及学的学科力量也通过这一扩展过程得到了增强。

在卡特那个时代，科学才刚刚开始对埃及学产生影响，这种影响首先反映在一个叫艾尔弗雷德·卢卡斯的人身上。在图坦卡蒙墓发现后的 4 年内，他出版了《古代埃及的器物与工业》的第一版，该书对现存的关于埃及器物和工艺品方面的资料作了很好的综述，直到 20 世纪 90 年代，该书仍被视为埃及科学方面必不可少的参考书。卢卡斯是一个在开罗工作的化学家，能够接触到埃及国家博物馆的很多资料，这使他能够发表 19 世纪中期以来出土的大批最重要的资料、化学分析和文献题录，其中包括图坦卡蒙陵墓出土的物品。

1934 年，英国埃及学家埃里克·皮特就任牛津大学埃及学讲师时发表了题为“埃及学研究的现状”的演说。他敏锐地觉察到了科学对埃及学的影响，并指出：

> 很多问题，特别是那些困扰我们已久的关于器物起源以及艺术品与工艺品的技术流程问题，最终将会通过化学和其他科学得以解决。

在皮特演讲之后的 70 年间，埃及学有两方面多次受到科学的影响：一、考古资料中的一些因素，如土壤和种子，从前被认为是没有多少信息含量的，而科学的运用使这些因素能够传递更多的信息，同雕像和纸草等更为传统的发现所包含的信息一样多。二、科学技术的运用使我们能从那些传统的资料当中获得更多的信息。就木乃伊来说，我们过去只是简单地揭开木乃伊的裹布，研究外部情况，现在则可以进行各种 X 光检测，甚至都不用揭开裹布，并且 DNA 样本可以揭示关于该人或动物的类型与身份的更多信息。对那些非生物的研究对象，如石制器皿，现在也能进行更为广泛的分析。我们不仅可以从形状、大小和装饰这几方面来研究石材手工艺品，还可以研究用来制作的石材类型：它产自哪里、是怎样开采的、把它加工成重要的墓葬品时所采用的技术。

近年来，一个重要领域取得了发展，那就是将地球物理学方法用于勘探史前时代和法老时代的遗址，其中包括电阻率勘测、质子地磁仪勘测、声波扫描、探地雷达和热象等技术的使用。例如，在吉萨的大金字塔内，通过微重力测量（用于测量石块的相对密度的技术）和电磁微波传导技术的结合使用，研究者们探测出在“国王”和“王后”墓室的石墙后面可能还有一个密室。有些发现也许没那么轰动，20 世纪八九十年代，在萨卡拉、孟菲斯和艾尔阿玛尔纳进行了电阻率勘测，结果表明，这种方法特别适用于埃及遗址的勘测。断面电阻率和测磁仪的使用使传统的测量技术得以延伸，让考古学家可以选择最有发掘潜力的区域，也可以对井或围墙之类的主要地貌特征进行绘图，而无需清除上面的覆盖物。例如，坎提尔（皮拉美西斯古城遗址）的发掘负责人埃德加·普什就使用铯磁力仪，发表了详尽的“街道规划图”，图中包括尚未发掘的砖砌城区。

20 世纪末 21 世纪初，对法老埃及时期人们饮食的研究也取得了大的进展，它主要以分析日常生活和墓葬中留存至今的食物残渣为基础。最近的这类研究还包括对埃及的面包和啤酒制作、葡萄酒生产以及肉类加工的研究。通过对法老时期的考古遗迹使用新科学研究方法，包括实验考古学和文化群落考古学的方法，人们逐渐开始探索埃及技术的许多其他方面。

将科学运用于纳尔迈调色板

纳尔迈调色板是用一种学名为粉砂岩的岩石雕刻而成的，这种岩石在前王朝时期常用于制作大型墓葬和祭祀用的调色板。早王朝时期以前，这种多功能的材料甚至被用于制作雕像，其中就包括第二王朝统治者哈塞海姆威的雕像，该雕像是在赫拉康波里斯古城中离纳尔迈调色板出土地点不远的地方被发现的，现存于开罗的埃及国家博物馆中。

古代埃及人所使用的坚硬的绿色粉砂岩、杂砂岩和砾岩属于前寒武纪晚期的哈马马特的粉砂岩，它们广泛分布于埃及东部沙漠的北部和中心地区。同许多古代埃及人所使用的其他石头一样，这种岩石多年来常常被埃及学家们误认。它常被描述为“板岩”，但事实上板岩具有明显的叶理岩层和薄片状剥落分离的特征，而哈马马特粉砂岩则没有。所谓的前王朝时期的“板岩”调色板实际上是由粉砂岩制成的，这种岩石和法老时期用于制作器皿和雕像的石材完全一样。“片岩”是另一个曾被误用于描述深绿色哈马马特岩石的名词。片岩是一种在特定岩层里含有大矿物颗粒的变质岩，完全不同于纹理细密、均匀的哈马马特干河谷的粉砂岩。颜色分布由深灰至黑色的粉砂岩和杂砂岩偶尔会与玄武岩相混淆，后者是一种直接由熔岩形成的晶体状的火成岩。令人啼笑皆非的是，英语中的“玄武岩”一词就是由古代埃及语中表示粉砂岩的“***bekhen***”一词——经过希腊文的 *basan* 和拉丁文的 *basanites*——演变而来。

纳尔迈调色板的石材从何而来？事实上，我们只知道一个出产这种石材的古埃及采石场，尽管可能还有其他采石场存在。该采石场位于哈马马特干河谷，从前王朝到罗马时期（约公元前 4000 年—公元 500 年）一直都在使用。在哈马马特干河谷与阿特拉干河谷交叉处的西面 1 公里的延伸范围内，发现了 250 多件碑铭和大量采石工地。干河谷的南面是一个罗马时期的斜坡，而在干河谷北边的地面上，是一个第 30 王朝的小祠堂的废墟。开采绿色砾岩的矿坑位于采石场的西端，那里有许多罗马人开采出的巨大石块遗留下来。罗马人给哈马马特干河谷开采出的石材起了一个非常形象的名字：*lapis hecatontalithos*（“百里挑一的石头”）。意大利的石匠们常常重新利用罗马人带回意大利的石块，并将哈马马特粉砂岩称为 *breccia verde antico* 或 *breccia verde d'Egitto*，这就是我们常见的“绿色角砾岩”一词的来源。然而，在现代术语中，角砾岩是由带尖角的碎片组成的岩石，而形成粉砂岩等砾岩的碎片是圆的。

在对埃及手工艺品和建筑物所使用的各种岩石类型

进行鉴别和命名时，埃及学家面临着许多问题，对粉砂岩的混淆和误认则凸显了这些问题。然而，这也不能完全归咎于埃及学家，我们要知道，现代埃及学学者们需要掌握不断扩展的埃及考古学以及语文学学科中的各种技能，因此很难期望他们在一夜之间就得到高端的地质学方面的训练。这就是问题的症结所在：在对埃及石制器物的研究中，许多地质学上的错误和误解纯粹是由于考古学家和博物馆馆长缺乏地质学知识造成的。

如果只是让所有埃及学家都同意将埃及雪花石称为钙华岩，或将黑色花岗岩称为闪长岩或辉长岩，那么这种转变可能要相对容易些，但经验告诉我们，即使术语上的转变被广泛接受，要使其真正渗透到文献当中，还需要很长一段时间。然而，我们现在需要做的是：从地质学角度重新评估现藏于博物馆以及发掘基地库房中的大部分石头雕像和手工制品，当然还包括改写那些数之不尽的发掘报告，在这些报告中，发掘者使用的是个人独有的地质学分类系统（例如，皮特里用大理石一词来指彩色的石灰石）。

在20世纪的后20年中，埃及陶器的研究发生了显著变化，从一个主观描述的时代进入了要求更为严格的时代，这一时代的研究需要缜密而客观的分析，采用的方法包括分析织物的“维也纳系统”[1]、统计取样和其他量化的方法，这种势不可挡的变化是有益的。如果对陶器的研究能发生如此彻底的改变，为什么对岩石种类的鉴定和分析会如此落后？二者的一个关键差别在于：一些埃及学家致力于从事陶瓷学，制陶学逐渐成为了他们的专门领域，而许多不同领域的研究都涉及岩石鉴定，从对手推石磨或门插销这类实用物品的技术分析，到对王室雕像和早期重要物品——如调色板和权标头——的美学评价。类似地质埃及学这样的分支理当出现，但在实践中，与对陶器的研究相比，岩石类型的相关知识应该在该学科中得到更广泛的应用。

1 维也纳的学者发明的一种分析织物的方法。

第三章

历史：构建年表 记述历史

人们常常问到的有关纳尔迈调色板的根本问题之一就是：它是否是为了记载特定历史事件而创作的，就像它的发现者所设想的那样：记载了为第一个统一的上下埃及王国的形成奠定基础的军事胜利。一直以来，这块调色板和其他各种“先王朝”时期的手工制品的年代都被认为是在古埃及史前史和历史时期之间。“先王朝”一词特指从前王朝晚期到早王朝初期的一段重要时期。“前王朝”是指尼罗河河谷漫长的史前时代的最后几百年，而“早王朝”指的是王朝时期或法老时期（见本书后的年表）的最初几个世纪。

发现纳尔迈调色板时，人们对前王朝时期几乎一无所知，直到第二年，弗林德斯·皮特里才发表了第一份关于史前史晚期的年表，他所使用的“顺序定年法”以前王朝时期涅伽达墓群随葬品中的手工制品的风格变化为基础。这意味着对于这块调色板的年代背景，奎贝尔和格林与现代研究者的看法会大相径庭。现在，大多数埃及学家都认为，这个重要的手工制品是前王朝晚期文化长期发展的结果，带有装饰的调色板越来越多，但其发现者（奎贝尔和格林）却将它视为有文字记载以来历史上第一份真正的“文献”，它从史前史的一片黑暗中脱颖而出。随即，这块调色板就被认为记录了埃及历史上第一个真正重大的历史“事件”：不断扩张的上埃及王国的统治者对下埃及（北部三角洲地区）的军事征服。

1961 年，英国埃及学家布赖恩・埃默里在他发表的《古朴埃及》一书中，首次尝试性地总结了早王朝时期埃及的特征，书中有许多新发掘的主要证据，大部分是由他本人及同辈或稍早些的前辈发掘出来的。当然，也有大量证据尚未被发掘，尤其是关于早期埃及出现前几千年的证据。在埃默里写作这本书的时候，埃及史前史在很大程度上才刚刚起步，就像埃及学的许多其他方面一样，因此，埃默里不断地通过与法老时期的对比和类推，将他的研究对象界定为埃及文化发展的某个特定阶段。然而，最近有关早王朝时期的文章著作却倾向于以前王朝晚期为基点。事实上，德国发掘者通过在前王朝晚期王室墓群（即U墓区）附近的发掘——他们在那里已经发现了可能属于“王室”的墓地，其年代要早于纳尔迈时期——重新考察了阿拜多斯地区的早期墓群，找到了更多的证据，以此来证明早在第1王朝之前埃及在政治和/或文化上就已完成了统一，从而证实了某些埃及王权象征物（包括一个前王朝晚期的象牙王室权杖模型）的年代至少要比第1王朝的统治早150年。

大多数现代埃及学家在研究早期复杂社会中国家的形成时，都曾明确使用人类学方法，但对于埃默里那一代的考古学家来说，“文化史”的方法仍是考古学研究的主要模式。正如加拿大考古学家布鲁斯·特里杰所说：

在考古记录中，几乎所有的文化变革都被归因为一个群体对另一个群体的观念传播，或是移民所导致的某一群体及其文化被另一群体及文化所取代……W.M.F.皮特里的著作体现了后一种模式，在探讨埃及史前时期的发展时，他将所有文化变革都归因为大规模移民以及少数移民与当地人在文化和人种上的混合。皮特里认为任何文化上的重大变化都必然伴随着人种上的改变。

布赖恩·埃默里极力推崇这样一种观点，即埃及文明在公元前4千纪末期的出现是美索不达米亚所谓“王朝家族”（或“荷鲁斯的追随者”）入侵或移民的结果。然而现在，我们对史前时期有了更深的了解，最近对前王朝和早王朝早期遗址的发掘——特别是对阿拜多斯的早期王室墓群、赫拉康波里斯城及其墓区的挖掘——也取得了极大的进展，这些都强有力地证明：法老时代的开始和发展在很大程度上是埃及的本土现象，伴随着前王朝晚期尼罗河河谷的社会、经济和政治变革，这一现象几乎不可避免地出现了。近期，一本关于早期埃及历史的书（托比·威尔金森的《早王朝时期的埃及》）指出：“导致埃及国家形成的各种趋势在前王朝早期就已出现了，它是一种渐进的过程。”

调色板、权标头和撰写历史

纳尔迈调色板只是众多现存的属于贵族的手工艺品之

一，这些手工艺品主要包括史前时代晚期和第 1、2 王朝时呈奉用的调色板、权标头和象牙。这些“可移动艺术品”（即可以随身携带的艺术品）提供了有关早期埃及的图像材料和象形文字的资料，正如我们将在讨论文字的那一章中讲到的，在这个时期，纯粹的象征符号和词语是很难区分的。单独或是成组的物品都常被用来创建关于早期法老国家出现和统一的理论。奎贝尔和格林还在赫拉康波里斯发现了另外一些重要的调色板和权标头，其中包括一个仪式用的梨形石灰石大权标头的碎片，上面也刻着“纳尔迈”的名字。这块权标头所表现的似乎并非战争场景，而更像是与王权相关的早期仪式的场景，其中一个场景被认为是已知最早的对 *ḫ‘ty-bity* ——“下埃及之王出现”这一仪式的描绘。正如很多埃及学家认为纳尔迈调色板是对上埃及统治者纳尔迈打败下埃及这一事件的文字记述，这个权标头也一度被公认为是纳尔迈与一个“北方公主”联姻的纪念物。这个观点的主要依据是那个没有胡须、坐在抬椅中的人物形象代表了王室新娘，但也有人指出这个坐着的形象可能是一个神，甚至并不一定是一位女性。

除纳尔迈权标头之外，还发现了另一个类似的石灰石

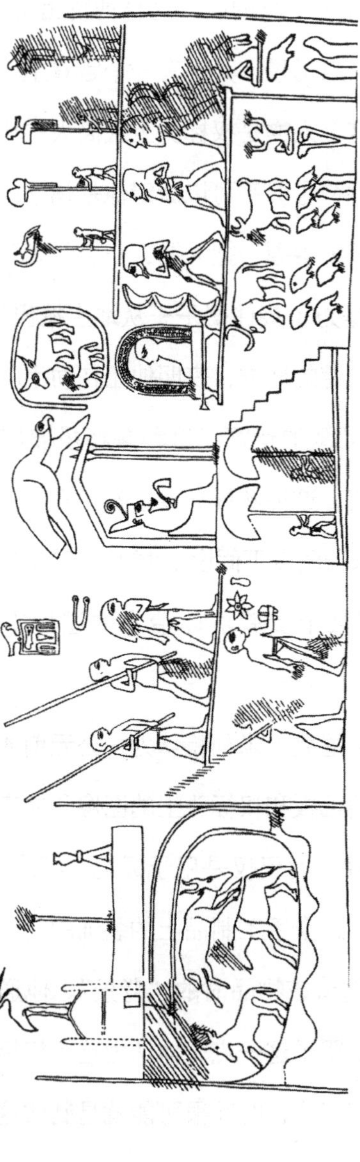

图 8 纳尔迈权标头上的装饰图画，约公元前 3000 年

权标头的碎片（现存于牛津的阿斯姆林博物馆），这个权标头上的装饰是高浮雕场景，其中有一个戴着上埃及白色王冠的男性形象。这个人物是权标头上最高大的形象，根据刻在他前面的表意符号似乎可以断定他是蝎子王，纳尔迈国王的前任。蝎子王手握一把大锄，一个仆人正向他递上一个篮子，也许是为了接住蝎子王从地上挖出的泥土。他和仆人站在紧靠河道的地方，表明他正在助手的协助下仪式性地挖掘用于灌溉的运河。这种解释虽被广为接受但并未得到最终证实，这种解释导致了蝎子王权标头常被用作一条重要证据来证明以下假设：埃及国家及其政府的君主专制特征是在某个贵族群体治水的过程中逐渐形成的。

加拿大埃及学家尼克·米利特认为，公元前4千纪晚期及3千纪早期的调色板和权标头上的图像和文字本身并非为了描述历史事件，而仅仅是用于标记、纪念和纪年。他颇为肯定地指出，这个手工制品上的装饰的目的是通过事件和仪式来传达创造该物品时的“背景”。他通过对纳尔迈权标头的分析证明了这一点，他认为这个权标头表现的是某年举行的王室仪式，时间很可能就是制成这个权标头并将其供奉给神庙的那一年。米利特认为权标头上的场景很像帕勒莫石碑上列在国王年鉴下的简短仪式列表（关于埃及早期的“国王列表”，参见本章后面的“构建年表”部分）。

如今，我们渴望能够将“真实”事件和仪式区分开来，这就使我们对纳尔迈调色板和权标头等物品上的图像和文本的分析复杂化了。然而，古埃及人几乎无意对这两者进行区分。事实上，有人可能会认为法老时期埃及人的意识形态——特别是与王权有关的意识——依赖于真实事件与纯粹的仪式或巫术活动在某种程度上的混淆。这些铭文与手工艺品构成了埃及历史的基础，它们所传达的信息通常既有普遍性（神话或是仪式性的），也有特殊性（历史的），而考虑到古埃及人倾向于模糊二者的界限，在构建埃及人所叙述的历史时，我们的目标就是尽可能明确地区分这两类信息。

至于调色板和权标头，唐纳德·雷德福提出，对于公元前3千纪末发生的埃及统一这种独一无二的事件，肯定有纪念的必要，但这些事件是被“纪念”而不是被“叙述”。这一区别十分关键：我们不能指望从纪念性而非描述性的场景中理清“历史”事件，如果我们这样做，很可能会常常被误导。

德国考古队重新考察阿拜多斯的王室墓群时有了一些发现，其中一项发现给这场关于仪式、符号和历史事件的辩论带来了有趣的新转折。古时人们变陵墓为祠堂的改造（参见第七章）、19世纪到20世纪的考古发掘，都造成了大量废弃物的堆积。2000年，德国考古队在探查某个废物堆时，发现了一块几乎完整的象牙标签，其上的装饰图案与纳尔迈调色板上的某些图形极为相似。与大多数在早王朝时期王室陵墓和前王朝晚期U墓区的贵族墓中发现的这类标签一样，这枚象牙标签是用于标注墓中某件物品（通常是一件装有进口油的器皿）的质量、数量及出产年份。象牙标签右上角钻有一个小洞，用于把标签和器皿连接起来，标签上还刻有两行象形文字，下面那行字说明这个容器里装有“300个单位的上等油”。

然而，与我们的讨论关联最大的是纳尔迈标签上两行铭文的上面一行，因为它与纳尔迈调色板上表现的打击敌人的场景极其相似，只是在这个标签中，图像被转化为了一句象形文字，句中两次出现了纳尔迈的名字，一次是在右边，框在王名圈里（与调色板上的一样），一次是在铭文的中间，但这次在象形文字 *nar*（鲶鱼符号）上添加了两只手臂，使它能一手挥动权杖而另一手抓住一个留着胡须的异族人。这个异族人的头上长着纸莎草（与调色板上被鹰神荷鲁斯抓住的那个俘虏相似），他的左边刻有一个小小的“碗”形象形文字。标签的左上角是一只秃鹫，盘旋在一个可能代表着王宫的长方形之上，秃鹫前面是一个顶上站着鹰的旗杆。对此比较合理的解释是：“王宫的（胜利）庆典，庆祝荷鲁斯纳尔迈战胜了沼泽地中的利比亚人。”和其他标签一样，它可能标志着国王统治的某个特定年份，因此，它所描绘的场景很可能与纳尔迈调色板上的发生在同一年。此外，在赫拉康波里斯还发现了一个刻有纳尔迈名字的象牙制的小圆柱印章，它可能也制作于纳尔迈统治期间的同一年，因为它上面有鲶鱼正在打击三排异族俘虏的画面，那三排异族俘虏也被认为是 *tjehenw*（通常被译为利比亚人）。标签、圆柱印章和调色板似乎共同证实了米利特的想法，即这些标签和供品的装饰中都含有对某个国王统治期内特定年份的描述。这个标签的发掘者——德国埃及学家古特·德雷尔认为，这些证据能够共同证明纳尔迈打败北方人 / 利比亚人是真实的历史事件。然而，这个判断似乎过于草率了。与之相反的一种设想是，我们现有的只是有关同一事件的 3 份记录，但我们仍不清楚究竟是下面哪种情况：(1) 历史上一场真实的军事胜利，(2) 纯粹是一种与王权相关的仪式，没有现实依据，(3) 用仪式再现了过去取得的胜利。

埃及历史是什么？

在定义埃及历史时，学者们难免会试图把现代的概念和分类强加于埃及史料之上，而对于创造这些文献的古代作家来说，这些概念和分类通常没有任何意义，或与他们毫无联系。那些被称为"历史的"各种古埃及文献，在最初创作出来的时候都有完全不同于"历史"文献的功能；因此如果要从中提取真正的历史信息，就必须要仔细解读它们。

在《剑桥古代史》中，威廉·海斯认为只有 3 份现存的埃及历史文献符合雷德福所下的定义，它们分别是：卡摩斯铭文（两篇刻在石碑上的圣书体铭文和僧侣体的卡纳冯石碑，约公元前1555—前1550），描述了这位第17王朝晚期的统治者抵抗喜克索斯人的战役；图特摩斯三世（公元前1479—前1425）年鉴，记述的是图特摩斯三世在叙利亚－巴勒斯坦地区的战役；还有皮耶（公元前750—前712）石碑，记述了他征服埃及的故事。雷德福还补充了两份文献：一是哈特谢普苏特的一段话，这段话刻在斯庇欧斯·阿提米多斯的岩凿庙中，很可能是拉美西斯三世（公元前1194—前1163）在哈里斯大纸草的最后一段中虚构出来的；二是奥索孔的记述，它描述了第三中间期时（公元前1070—前712）底比斯人的叛乱。现在另一个可能被列入清单的文献是阿蒙涅姆赫特二世（公元前1929—前1892）年鉴，这篇文献于20世纪50年代中期在孟菲斯被发现，但直到1980年才得以发表，它表明埃及中王国（公元前2040—前1640）时期编写的历史中已经有某些与现代历史思想极为接近的东西，其形式为国王统治期内每年发生的政治和宗教事件的详细记录。

尽管有上述几个例外，但在埃及现存的叙事体和庆典类文献中，绝大部分都更关注保存和传播民族传统，或在宗教或丧葬事务中担当某种角色，而不是试图客观地记述过去。瑞士埃及学家埃里克·霍尔农将古埃及人对过去的看法描述为对延续和变化的某种“庆祝”。

甚至那些被看作是历史片段的埃及文献，例如卡摩斯石碑和图特摩斯三世年鉴，也是其所在神庙必不可少的组成部分，因此，它们与希腊历史学家希罗多德所开创的真正的历史传统有很大区别，埃及文献中混合了高度的象征主义和纯粹的仪式。埃及墓室和神庙墙壁上重要的铭文和浮雕通常与象征性的、静止的神话世界有更多关联，与历史的关联则较少。人们普遍倾向于将神话看作某种形式的“原始历史”，但真实情况不可能是这样。雷德福对神话和历史之间的区别作了精辟的阐述：

它们的意义［即神话的意义］与它们曾发生在过去没有任何关系，而与它们现在的重要性有关……荷鲁斯对父亲的支持、舒神的托举以及奥塞里斯被谋杀——这些都是原初事件，它们是永恒的、永远存在的；而那些重现这些事件的国王或祭司都不能说是在担当历史角色或是在纪念“历史”。

构建年表

如果不能按某种年代顺序来构建历史，历史就只是杂乱无章的堆积。埃及学家通过很多途径着手为古埃及历史创建年表，他们利用各种各样的资料，包括考古资料（如有不同装饰风格的棺椁）、文献（如“王表”和石碑）和科学的测年方法（如碳 14 年代测定法和热释光测年法）。

埃及学家用“王表”一词来特指那些列出统治者名字和头衔的古埃及文献，其中一些还列出了每个国王的统治期及其在位期间发生的主要事件。实际上，所有留存下来的王表都出自宗教或丧葬文献，这些文献通常与祭拜王室祖先的仪式有关。通过定期向名册上的前几任国王献祭，每个国王都得以在这个序列中确立自己的地位和合法性。王表的保存形式多种多样，它们大多数都是新王国时期的，而最早的一个被称作帕勒莫石碑，它是玄武岩石碑的一块残片，其年代可回溯至第 5 王朝时期（约公元前 2494—前 2345），现存于西西里岛的帕勒莫考古博物馆。

帕勒莫石碑的正反两面都刻有圣书体铭文，描述了第 1 到第 5 王朝期间国王的统治及更早的神话时代的统治者。据估计，原石碑长约 2.1 米，宽约 0.6 米，现存有 4 块较小的碎片（收藏于开罗的埃及国家博物馆和伦敦大学学院的皮特里博物馆）。我们对该石碑最初的发现地一无所知，因为 1866 年那块最大的残片曾出现在文物市场，但来源不明。这份文献包含了下埃及国王的年鉴，年鉴从神话时代的统治者延续数千年的统治开始，一直持续到荷鲁斯时代，传说正是荷鲁斯将王位传给了美尼斯。美尼斯的继任者的名单一直列至第 5 王朝。石碑被分为若干个水平的格层，每个格层又被顶部弯曲的竖线分隔为若干部分，以此来代表"国王在位纪年"的象形文字符号（*renpet*）。每一栏里写着当年发生的有纪念意义的事件及尼罗河泛滥时的水位。记录的事件大多是宗教庆典、战争和特殊雕像的制作。相关统治者的名字写在对应栏的最上面。这个石碑记载了第 5 王朝末期之前的每一个国王的名字和在位时间，它曾经很完整，但令人沮丧的是，我们现在却只有这些碎片。

另一个令人为之扼腕的残片是"米特拉希纳记事本"。

这块石碑原是古王国时期的一块浮雕，后来被重新利用，上面刻有已知最早的中王国王室年鉴。这部分年鉴记录的是第 12 王朝法老阿蒙涅姆赫特二世的统治，它在新王国时又被用于普塔神庙中，该神庙靠近现在的米特拉希纳村，这个村子是古代都城孟菲斯遗址的一部分。帕勒莫石碑只是简单概括了各位国王统治期间每年所发生的事件（大多数可能都是仪式），而米特拉希纳铭文则不同，它详细记载了阿蒙涅姆赫特二世在位两年中的部分事件。

都灵纸草（也称都灵王表）是第 19 王朝统治者拉美西斯二世（公元前 1290—前 1224）在位期间编纂的，它只简单列出了统治者及其确切的统治时间，偶尔会列出某个统治者距美尼斯时代有多少年。古埃及人认为美尼斯是法老时代的第一个统治者。这份用僧侣体书写的纸草被贝尔纳迪诺·德罗韦蒂从埃及带走，现存于都灵的埃及博物馆。那时它几乎是完整的，但和其他王表一样，它在被都灵博物馆收藏之前遭受了严重损坏，现在已不完整。19 世纪中期的埃及学家，如商博良和古斯塔夫斯·塞法特，整理了这篇文献中的大量碎片，尽管仍然存在很多空白。

这份文献原先很可能包含近300个名字，甚至包括第二中间期时来自亚洲的“喜克索斯”统治者（尽管有一个符号表明他们是异族人，而且他们的名字没有被写在王名圈内），最后以拉美西斯二世的名字结束。与帕勒莫石碑一样，这份王表回溯到了已知的国王统治之前的时期，列出了无名的神灵和众神的统治时间，他们被认为是第一个法老出现之前的统治者。这份文献极其重要，它的严重毁损是另一个重大损失。

5个主要王表的年代也都可追溯至第19王朝早期，这5个王表包括：两个阿拜多斯王表（分别发现于阿拜多斯的塞提一世神庙和拉美西斯二世神庙，后者现存大英博物馆）；卡纳克王表（现存卢浮宫）；萨卡拉石板（现存开罗埃及国家博物馆），它发现于拉美西斯二世时期的高官图纳若伊的墓中；底比斯祭司阿蒙美斯的墓室壁画（TT373，约公元前1300年），画面表现了他向13位前任国王的雕像致敬的场景。还有一些更为简单的王表，例如在哈马马特干河谷的采矿和采石遗址发现的一张涂画，根据古文字学的研究判断，其年代应是第12王朝（公元前1991—前1783），涂画里包括第4王朝的5个国王和王子的名字。

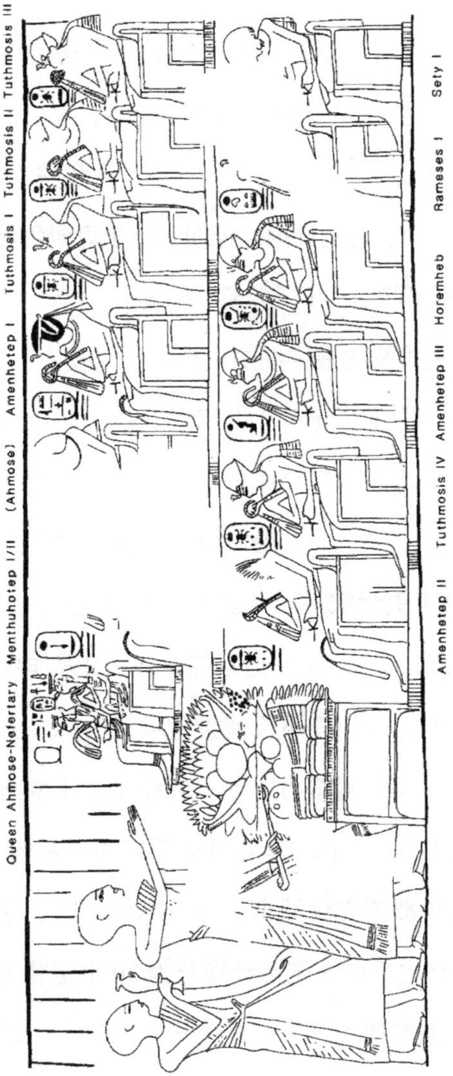

图9 底比斯的祭司阿蒙美斯墓中的王表，约公元前1300年

1985 年德国考古学家在乌姆·艾尔·卡博发现了一个印章的印记，它是现存最短的王表之一，但却充分显示了这类文献的重要性。这张王表列出了 6 个统治者，他们的排列顺序如下：纳尔迈、阿哈、杰尔、杰特、丹和美尔奈斯，因此提供了另一个有力的证据，证明了纳尔迈调色板上所描绘的那位国王可能是第 1 王朝最早的国王。

最后，有关埃及的最详细的史料是《埃及史》，它是由托勒密王朝早期（公元前 3 世纪）一位名叫曼涅托的古埃及祭司用希腊语编写而成的，书中记述了埃及统治者的历史，但不幸的是，这份文献仅以摘录的形式保存在很久以后的历史学家——如约瑟夫斯（公元 1 世纪）和乔治·辛斯勒（公元 9 世纪早期)——的著作中。根据现有证据来看，曼涅托不仅能查阅埃及文献，如之前提到的王表，还能查阅希腊年鉴。创作这本（献给托勒密二世的）历史书时，他可能正任职于塞布尼托斯神庙，该神庙位于三角洲的现代城市萨马努德城附近。他将世俗（即神话时代之后的）统治者划分为 30 个王朝（后来第二波斯王朝也被加入其中，成为第 31 王朝），这一划分对 19 世纪早期以来有关埃及年表的传统观点有非常重要的影响。

然而，随着新文献的翻译和新遗址的发掘，埃及学的历史和考古资料越来越丰富、越来越多样化，曼涅托的纪年系统的致命缺陷逐渐暴露出来。曼涅托的基本假设是，整个埃及只是由一系列统治者来统治的，彼此之间并无重叠，也没有出现分裂的小王国。多年来的研究逐步证明，在许多时期，埃及并不是一个文化统一、政治集权的国家，埃及的各个地区都在以不同的速度发生着变化。也有其他分析显示，人们倾向于把短期的政治事件看作历史中至关重要的因素，但与渐进的社会经济发展相比，后者更具历史意义，从长远角度看，它能给整个文化带来更剧烈的变化。

事实上，传统的年表还有一些主要问题。第一，曼涅托编写的历史往往是不可靠的，因为我们看到的只是通过引用留存下来的只言片语，并非整个原始文献，同时我们也并不清楚他的资料来源。第二，国王在位的年限也常常没有定论，例如：都灵王表中提到塞诺斯瑞特二世和三世分别统治了 19 年和 39 年，而他们的纪念碑上所显示的统治年限的最高记录分别是 6 年和 19 年。第三，所谓的

“中间期”也存在一个重大问题，传统上，人们出于某种惰性将它们解释为“黑暗年代”。第四，关于父子共治仍有很多争论，特别是第 6 王朝和第 18 王朝的情况。最后，很多年表都取决于古代天文观测（特别是“天狼星偕日升”），随着古代天文学家——祭司——观测地点的不同，绝对年代也会有所不同。一些埃及学家，如罗尔夫·克劳斯提出，所有的观测都是在同一个地点进行的（如象岛）；但另一些埃及学家，如威廉·沃德，则认为各地一定有各自的观察点，即对于那些需要根据天文现象来确定庆祝日期的宗教庆典，同一国家的不同地区可能会有不同的庆祝日期。在拉洪发现的一份文献记载了天狼星同太阳一起升起的情况，时间是塞诺斯瑞特三世统治的第 7 年，如果观测地点在象岛，那么其“绝对”年代就是公元前 1872 年；如果是在赫里奥波利斯，其年代就是公元前 1830 年——差异之大几乎超过了古埃及人的平均寿命（据估计，公元前 19 世纪时，即使是贵族阶层的男性，平均寿命也只有 35 岁左右，女性则是 30 岁。在古代，生育有很大危险，因此女性的死亡年龄普遍较早）。

最基本的历史分期（即前王朝时期、法老时期、托勒密时期和罗马时期之间的区分）的重要性开始受到质疑。一方面，20世纪八九十年代在阿拜多斯的乌姆艾尔凯博墓群中的发掘结果显示，在第1王朝之前还有一个零王朝，其年代可追溯至公元前4千纪的某段未知时期。这意味着，最晚在前王朝时期的最后一两个世纪内，埃及在政治和社会的很多方面可能已处于“王朝”时期了。

相反，越来越多的学者们意识到，前王朝晚期的陶器风格在早王朝时期仍被广泛沿用，这表明前王朝时期文化的某些方面一直延续到了法老时期。埃及史前史中漫长的“前王朝”时期难免被理解为一种文化而非政治发展的结果。现在，有学者开始认为，研究王朝时期（以及托勒密时期和罗马时期）不仅要研究国王及王族的延续，也要研究陶器的材质类型及许多其他手工艺品的风格和材质。

尽管法老时期和托勒密时期、托勒密时期和罗马时期之间都有政治剧变，但随着后两个时期的考古资料的逐渐增加，开始出现了这样一种情况，即文化变革的过程似乎没有纯粹的政治文献中记载的那么突然。因此很显然，托勒密时期的意识形态和物质文化中的某些方面在政治剧变中仍然保持不变。与其说亚历山大大帝及其将军托勒密到达埃及是埃及历史的分水岭，倒不如这样认为：尽管公元前 1 千纪中期到公元 1 千纪中期之间发生了许多重大**政治**变革，但这些变革是在相对缓和的社会和经济转变过程中产生的。法老时期文明的重要元素可能相对完整地存在了几千年，直到公元 641 年伊斯兰教时期开始后，才经历了**文化和政治**转变的全面结合。

前面介绍了埃及年表构建的基本内容，但要了解它们如何运用于实践中，我们需要举一个适当的例子来分析。

盖斯尔艾尔萨加神庙：测年的案例分析

法雍地区位于开罗西南方向 50 英里（75 公里）处，在其东北角的沙漠峭壁旁有一个矮丘，其上有一个大型的石头建筑，它位于盖斯尔艾尔萨加遗址地区，明显是某种宗教纪念物。然而，与其他幸存下来的宗教建筑不同，该建筑尚未完成，上面没有装饰、没有铭文。缺少铭文就意味着我们既不知道谁是建造者，也不知道它是为祭拜哪个神而建的。于是问题出现了：埃及学家如何确定这样一个

图 10 位于盖斯尔艾尔萨加遗址的一座未完成的神庙

无名的大型石头建筑的年代？

这座神庙是用暗棕色的含碳酸钙的沙岩建造的。有一种被称为“光释光”（OSL）的科学技术能够测量从石块最后一次受阳光照射至今的时间长短，这种技术在理论上可以用于测定砖石结构的建筑时间，但尚未有人在盖斯尔艾尔萨加遗址尝试过这种技术。另一种更为传统的方法是确定建筑风格的年代。这个建筑物的总占地面积是 33×16 平方英尺（10×5 平方米），由 7 座神龛和一个长条形的祭品屋组成。我们可以假设，如果这个神庙得以完成的话，它前面应该会有一个庭院或柱厅（或二者皆有）。直到中王国时期，人们才开始用石头重建原来用泥砖建造的地方神庙。有两座第 12 王朝的神庙与盖斯尔艾尔萨加的这座神庙非常相似，尽管它们曾在第 18 王朝和托勒密时期经历过多次翻修。第一座神庙位于距底比斯北部 5 公里的米达姆德，它是一个三重结构的神庙，是第 12 王朝统治者塞诺斯瑞特三世修建的。它建在一个早期的泥砖复合建筑上，用来供奉当地的蒙图神。第二座是用沙岩建造的瑞内努泰特（一个眼镜蛇形象的丰收女神）神庙，位于法雍地区西南部的麦地那迈阿迪，这座神庙是在第 12 王朝末期的阿蒙涅姆赫特三世和四世（公元前 1844—前 1787）统治期间建造的，但是同米达姆德神庙一样，它在希腊 – 罗马时期也得到了扩建和翻修。神庙内部有一个纸草式柱构成的小柱厅，柱厅通往由三个礼拜堂组成的圣殿，每个礼拜堂中原本都立有神像。盖斯尔艾尔萨加的神庙可能也是为了供奉一组当地的神祇，其神像可能就安放在那 7 座神龛中。这意味着神庙大约建造于第 12 王朝时期，至于具体是由哪位国王建造的，20 世纪 70 年代研究该神庙的迪特尔和多罗西娅・阿诺德认为，最有可能的建造者是塞诺斯瑞特二世，因为他留下了太多未完成的神庙（可能与他在位时间相对较短有关），虽然按照这一标准来衡量，阿蒙涅姆赫特四世也可能是建造者。

把建筑风格作为定年标准相对不太可靠，所以谨慎的考古学家往往会通过其他方法来进一步确认。以盖斯尔艾尔萨加神庙为例，在神庙附近发现了可能的定年证据，即一个有条有理的矩形居住区，面积约 374×260 平方英尺（115×80 平方米），紧挨着居住区的便是一个墓地。主要居住区的东北方是一片稍大但缺乏规划的泥砖房区域。两片区域都已被发掘了一部分，根据在其中发现的陶器可以将它们的年代定为第 12 王朝。与大致同时代的中王国时期的金字塔城卡洪一样，矩形居住区中明显曾住过一群特殊的第 12 王朝居民，他们受国家的直接控制。

关于盖斯尔艾尔萨加神庙的定年问题还有更进一步的转折。通过一条古代铺设的道路，整个遗址看起来似乎与大约向北 6 英里（10 公里）处的盖特拉尼山的玄武岩采石场相连。人们自然会猜测定居点和神庙与采石场的开发有直接联系，但很多学者指出玄武岩主要用于古王国时期和后期埃及，而少量的那些与采石场道路相关的陶器也主要是古王国时期的。因此我们能够断定，这是第 12 王朝时期的一座神庙和两个定居点，在这个时期，玄武岩开采呈现出衰落趋势。

盖斯尔艾尔萨加遗址最初可能只是一个很小的采石工人定居点（尽管这个遗址中尚未发现任何古王国时期活动的痕迹），到了中王国时期，它已发展成为一种不同的社区，其功能尚不清楚，可能与那座未完成的空神庙有关。这说明测定某个事物的年代与真正了解它之间相距甚远。巴里·肯普提醒我们，在埃及学研究中不应过分关注年代的测定而忽视对现象的理解：

年表使我们能够了解那些随时间而变化的模式，并绘制出那些朝我们这个现代社会发展的轨迹。但是，对“历史”——年代和事件的时间顺序——的过分关注将会阻碍我们了解过去真实的社会和文明：它们是解决个人和集体的问题的方法，也可以为当今社会中的一些问题提供解决方案。

历史变迁与物质文化

对盖斯尔艾尔萨加定居点的定年过程表明，现代埃及学家使用的最有效的定年方法之一就是对陶器的样式和材质的研究。过去20年里，对古埃及陶器的研究有了巨大发展，用于分析的陶器碎片的数量（来自各种不同类型的遗址）增加了，现代技术的种类也更多了，这些技术用于从陶器中获取更多的信息。陶器是埃及物质文化中一个异常丰富的领域，我们对这方面认识的提高必然会对年代框架产生影响。20世纪80年代对孟菲斯城某地（考姆拉比阿遗址）的发掘就是一个很好的例子，它证明了在陶器研究中使用更先进的方法有助于理解文化变迁的整体过程。

我们可以通过传统技术来确定陶器的相对年代顺序，这些技术包括确定墓葬品的排列顺序、分析居住地或宗教遗址中的大量层状材料等。但是，我们可以通过传统方法确定陶器的绝对年代，如将陶器与铭文或年代确定的图像（特别是陵墓里的）联系起来，也可以通过热释光测年法等科学技术来确定。一些学者开始研究器皿和材质类型在不同时期的变化。例如，烤面包用的陶制模具的样式在古王国末期有显著变化，但并不清楚这种变化是源于社会、经济或技术因素，还是单纯是“潮流”变化的结果。这种分析表明，物质文化的变革可能源于各种各样的因素，只有一些因素与政治变革有关，而传统观点认为政治变动是影响埃及历史的最主要因素。这并不是否认政治与文化变革之间的诸多联系。例如，古王国时期的陶器往往是集中生产，这与政治上的统一有关，在第一中间期期间，随着政治上的分裂，地方风格的陶器再度兴起。随后，在较为统一的第12王朝，陶器的风格再度统一起来。

在研究埃及历史的某些阶段时，如法老时代初期统一国家的出现或是古王国的衰落与灭亡等时期，为了解释突然发生的重大政治变革，学者们有时会考查环境和文化因素。然而，这种对非政治性历史趋势的**有选择性的**关注存在这样一个问题：即使在古王国和中王国这样繁荣稳定的时期，我们尚不了解埃及的环境和文化发生了何种变化，要想解释这些因素在政治危机时期的作用就更加困难了。有关陶器和其他普通的手工制品（以及环境因素，如气候和农业）的研究越来越多，这就为更全面地看待埃及历史奠定了基础，根据这种全面的埃及历史观，政治文献要放在长期的文化变迁的背景中来进行解读。

通过用系列法来研究中王国时期的私人棺椁，我们得到了年代和历史方面的有价值的资料。根据梅斯和温洛克对中王国棺椁的传统分类法，只有两种基本类型的棺椁：（1）北部风格（源自孟菲斯地区、贝尼哈桑、贝尔沙和梅尔）;（2）南部风格（源自艾斯尤特、艾赫米姆、底比斯、戈伯伦和莫阿拉）。这两种风格之间的主要区别在于：在南部风格的棺椁上，绝大部分装饰在外部，而北部风格的棺椁上则没有人物形象。以门图荷太普二世的王后的石棺为例，它是在底比斯发现的，上面雕饰有理发的场景，在戈伯伦和莫阿拉发现的石棺上也有类似的雕饰。一些“南部”风格棺椁的棺盖内侧饰有所谓的“星辰钟”，还刻有成行的祈祷文，祈求星宿诸神的保护，如努特、索普德特（即天狼星）、沙（即猎户座）和大熊星座。

20 世纪 80 年代，哈克·威廉斯彻底修正了这种传统的分类法。他认为中王国时期的棺椁装饰中有一些基本元素：眼睛、假门、水平饰带、供品套语、祷文、石棺铭文、两世书以及星辰钟，这些都表明了梅斯和温洛克的分类中存在很多缺陷。首先，南部和北部风格的区分没有任何根据，因为各个地区的风格本身就是独特的——艾斯尤特和贝尔沙的棺椁之间肯定有显著区别。第二，随着时间的推移，“赫拉克里奥波里斯”（他称之为“标准的”）风格的装饰发生了整体类型上的转变，因此可以用来确定棺椁的年代，也可以用来确定其所属陵墓的年代。

威廉斯的新分类法本身并不重要，其重要性在于：棺椁是很多埃及遗址中都能找到的常见文物类型，它们是一种极其丰富的资源，使年代学研究的潜在价值能够得到正确的开发。威廉斯的棺椁“顺序定年法”不仅可以更有效地确定棺椁本身的年代，还意味着成组的棺椁可以用于确定不断交替的地方统治者与国王之间的关联，因此得以将地方变革和国家变革联系起来。未来，构建埃及年表必须建立在这种研究的基础上，因为王表和其他类似文献只能为我们提供关于政治变革（王朝和统治者的兴衰）的有限信息，但埃及境内各遗址中发现的物质文化的具体要素可以作为年表的基础，为我们提供古埃及社会史和经济史方面的信息。

埃及学家需要将他们自己从曼涅托式的宏大埃及历史观（这种观点认为埃及历史就是一份详细的王表）中解放出来，在关于第一中间期的一篇报告的序言中，德国埃及学家史蒂芬·塞德勒马耶尔明确表述了这一观点：

> 很多关于埃及历史的著作都把关注点集中在王宫、国王和“宫廷文化”上，但在撰写第一中间期的历史时，有必要去关注地方城镇和作为社会最基本元素的大众。

这段话普遍适用于埃及历史的撰写。

第四章

文字：象形文字的起源与含意

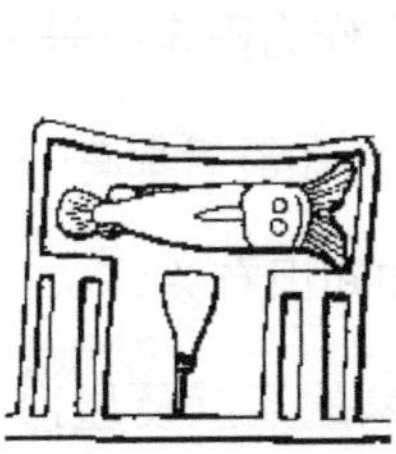

古埃及的象形文字由表意符号（用来直接表示事物的符号，例如“天空”或“人”）和表示某个词的全部或部分发音的表音符号组成，因此在法老时期的埃及，文字与艺术之间的联系比在许多其他文化中都更为密切。在用来装饰建筑物和雕像的象形文字中，书写简单的词——如“鹅”或“头”——在某种程度上既是一种艺术训练也是文字交流。第三类象形文字是“限定符号”，之所以称之为“限定符号”是因为它“限定”了整个词的意思。例如各种表示食物、饮品以及吃这一过程的词，在最后都有一个以手指嘴的男子作为限定符号；而一些更抽象的词，如“知道”或“听见”，在最后都有一个纸草卷的限定符号，以示这些词与思想和知识有关。

埃及神庙和陵墓的墙壁及屋顶有大量壁画和浮雕作

为装饰，现存的很多古埃及铭文就是用来填补和装饰这些壁画和浮雕的。因此，古埃及文字艺术的外观和功能都与宗教信仰及墓葬习俗紧密相连，而且埃及人坚信这些文字与形象具有真正的自然力量。的确，在许多刻写在墓室墙壁或墓葬器物上的文字中，古埃及人认为有必要去除象形文字的某一部分，比如鸟类符号都被去掉了腿，目的是使那些可能伤害死者的力量失灵。这种认为文字和艺术形象具有魔力的认知也体现在一种叫做“开口”的葬仪中。埃及人相信，通过这种仪式，死者的木乃伊和雕像就会被注入新的生命——在托勒密时期的神庙中，每天早晨似乎都会举行类似的仪式，目的是让神庙墙上的文字与形象复活。

纳尔迈调色板和古埃及文字的起源

与许多早期的人工制品一样，有人把纳尔迈调色板上面的符号解释为纯粹的象形符号，即一连串互不相关的象形文字，或者是合乎语法语序的句子。就目前关于埃及文字起源与本质的讨论来说，这些解释能为我们提供什么信息呢?

调色板上除了图画叙事之外，还有象形文字作补充，如在对敌人实施打击的国王前方的“鲇鱼”和“凿子”的符号。在法老时代，这两个符号的读音中分别有音值 ***nar*** 和 ***mer***，但我们还不确定 ***nar*** 和 ***mer*** 在这里是表音还是表意。“***nar-mer***”这个符号重复出现在调色板正反两面的上方，被框在王名框中，王名框可能代表的是早期王宫正门，象征着强大的王权。从前王朝晚期开始，王名框就被用来框起国王的某个名字，它具有象征意义（例如王名框的顶部经常有鹰神荷鲁斯，象征着埃及学家所熟知的国王的“荷鲁斯名字”）。然而，调色板的这一面还有许多其他符号，多数埃及学家认为它们是早期的象形文字（见第一章中的描述）。至于调色板这一面右上方的 4 个符号（紧邻 10 个被斩首的尸体的上方）是象形文字还是图画，仍然存在不同意见。

1961 年，艾伦 · 加德纳大胆地将这个调色板描述为“一种观众可以将其译成文字的复合图画”。这句话似乎并不能按照字面意思来理解，它只是描述了解读图像资料的过程。然而，1991 年，一位美国的埃及学家小沃尔特 · 费尔瑟维斯发表了一篇文章，指出早先的埃及学家对于纳尔迈调色板的解读都犯了“一个严重的方法论错误”，因为他们把调色板上的大部分装饰看作图画而非文字。费尔瑟维斯认为调色板两面所有的符号都应该被译成合乎语法的短语，它们是埃及象形文字的早期形式。换句话说，他认为应该把调色板当作一个长句来读，而不是把它当成艺术和文字的组合。他辨认出了62个推定的“象形文字”，并且分析了每个文字可能包含的细微含义，然后将它们整理成篇，在此基础上他提出，调色板“并非是关于上下埃及统一的记录，而是表现了伊德福地区的统治者穿过尼罗河谷向南进入努比亚所取得的胜利”。其他埃及学家不接受这一理论，但是该理论确实提出了这样一个问题：前王朝晚期和王朝早期的艺术在多大程度上包含了完全成熟的文字体系，而不是仅仅通过纯艺术形象传达信息？

最近关于埃及文字起源的研究集中在以下几个具体问题上：象形文字体系最早是在什么时候开始使用的？什么时候开始包含了语音学和语法？它是吸收了另一种文化（最有可能的是近东地区的文化，那里的文字出现在美索不达米亚，时间要略早一些），还是在埃及独立出现的？如果是那样，它是由某个人或某一小群创新者“创造”的吗？还是经历了几代人或几个世纪的缓慢演化？

另一个适用于所有早期文字体系的问题就是，早期文字的出现是出于政府管理的实际需求，还是由仪式和典礼等最初的需求发展而来？最早的埃及象形文字是不是统治者和贵族集团用来维持他们权力的宣传工具呢？由于我们对不同文化中文字的出现时间有不同看法，这个问题的答案就被复杂化了，而且文字最初使用的目的在很大程度上取决于作为书写介质的材料（如泥板、骨头标签、纸草卷和石制文物），以及这些材料在世界不同地区环境下的保存情况。由于早期美索不达米亚管理类文献所使用的泥板在当地环境下很好地保存了下来，很多学者就据此认为文字的出现是为政府管理来服务的，而在中美洲、中国和埃及，最早的刻有文字的物品（如玛雅的石碑和埃及的石制调色板）似乎都是为仪式而服务的，主要与贵族阶层维护自己的权力有关。根据这种跨文化的文字观，美索不达米亚地区出现文字的根本原因与其他地区有鲜明的对比，这种跨文化的观点忽略了一点，即在绝大部分早期社会中，政府管理档案多写在廉价且耐用性差的材料上（如埃及的纸草，早在第一王朝时就在使用），这是由这些档案的性质决定的。因此，这些成本低廉的管理文献并没有很好地保存下来，而最早的礼仪和“宣传”文献却写在特殊的耐久材料上（主要是石头），较好地保存了下来。当然，将管理文献与礼仪/宣传文献一分为二的想法本身也许就有缺陷，因为某些早期埃及的铭文（如在有大量墓葬品的前王朝晚期/零王朝王陵中发现的骨头、象牙制作的标签）可以看作是相对单调的管理文献的精致而有贵族风格的版本。

我们能确定古埃及文字起源的时间吗?

关于文字在世界不同地区出现的时间、它的形成和使用机制，近期有这样一种假设，即苏美尔人最古老的一些楔形文字比埃及象形文字出现得早。由于埃及最早的铭文似乎是在公元前4千纪晚期突然出现的，因此有人进一步推测，随着埃及与近东的联系增多，埃及文字的出现可能是受到了楔形文字的启发。但是，由于组成这两种文字

图 11 阿拜多斯 U-j 号墓出土的标签，上面有早期象形文字，约公元前 3200 年

（苏美尔人的楔形文字和埃及早期的象形文字）的符号差异很大，很少有学者相信埃及的文字体系是直接从楔形文字发展而来的，一些埃及学家倾向于认为美索不达米亚传递的是图画文字的基本观念。

在某种程度上，这些假设已经被90年代在阿拜多斯的德国考古学家的发现所击破，这些发现表明，象形文字可能在前王朝中期（也许是约公元前3500年）就开始使用了，不仅如此，表音符号的使用可能也比人们原来认为的要早。在对U-j号墓进行发掘时——这一大型陵墓的墓主是一个叫做“蝎子王”的国王（其年代显然比在纳尔迈调色板附近发现的权标头上的蝎子王更早）——发现了一个墓室，里面有很多木制和骨制标签，上面刻有清晰可辨的象形文字，其内容包括数字、物品名称，也许还有地名或王室地产的名称。这些象形文字标签的重要性在于，几乎可以肯定，它们已经不仅仅是象形符号（“表意符号”）了，即文字发展史中非常初级的阶段；相反，很多符号已经可以在口语中表示读音（“表音符号”）了，而以前人们一直认为，直到第一王朝时期文字发展才进入有表音符号的阶段。研究这些标签的德国语文学家能够辨认出它们是表音符号，其原因就在于它们的拼法往往同后来文献中常提到的一些著名城镇——如布托和布巴斯提斯——的名字一致。

因此，阿拜多斯最早的统治者所雇佣的官员——至少在早于第一王朝200多年时——已经开始使用兼具表音和表意符号的成熟的埃及文字。这些文字似乎经常提到上埃及统治者墓中所用随葬品是来自下埃及的某些地方，这有力地证明了埃及南北两部分在经济上联系紧密，政治上可能也是如此。因此，早在埃及文化还处在传统上所认为的"史前时期"时，埃及就已具备了这些与高度发达国家相关的因素，如文字、官僚制度、纪念性建筑、复杂的贸易和经济管理体系。

文献在埃及学中的运用和滥用

1822年，商博良成功释读了埃及象形文字，使埃及学成为一门由文献研究和考古研究组成的完整的历史学科。在19世纪20年代晚期，世俗体象形文字也得到了解读（大部分由托马斯·杨完成）。由于有了文字材料，短短10年间，埃及学仿佛从研究史前史转变为了研究历史。在19世纪60年代以前，查尔斯·古德温和弗朗索瓦·查瓦斯释读并翻译了写在纸草上的诸多僧侣体象形文字，至此，4种字体的古埃及铭文（圣书体、僧侣体、世俗体、科普特语）都得到了解读。

对这一系列文献的翻译——包括神和国王的名字、宗教仪式和经济文书的翻译，使埃及学领域可以与古典文明研究并立。然而，商博良的发现还激发了语言学家和发掘者在学术上的分立，即文献研究和物质文化研究之间的分立，这种趋势是不可逆转的。

几乎从翻译圣书体、僧侣体和世俗体文献时起，埃及学就越来越多体现出这一特点，即努力确保以下两方面的平衡：一是考古资料中包含的各种一般的社会经济方面的证据，二是古代文献中的更具体的历史信息。新发现的文献能够重现古埃及人的思想和情感，但它也诱发了这样一种思想的产生，即人们可以通过文字而不是考古学家的沟渠来揭开埃及文明的面纱。古埃及文化是以埋藏的墙垣、手工艺品和有机遗存的形式保存下来的，因此我们往往必须以大量写于石碑和纸草上的文献为背景来看待埃及文明的纯考古学观点。没有文字记载的史前考古也许会困难重重，但这无疑也给了史前历史学家更大的自由，使他们能够单纯依靠现存的物质文化来建立新的理论和假设。与其他历史学科一样，在埃及考古学中，由于文字资料的主观性和说服力都很强，它们往往会模糊——有时甚至遮蔽——考古证据，呈现出一种矛盾。

如果我们认为文字和考古学是一分成二的，那么拿埃及考古史和当代玛雅研究进行比较就会非常有趣。玛雅学家的经历似乎完全相反：在20世纪80年代玛雅文字被解读之前，人类学和考古学一直在这门学科中占主导地位，但玛雅文字的解读使得大量文献突然涌现，极大地改变了人们对玛雅文化的理解。最初玛雅考古学家对语文学家提供的历史信息表示怀疑。近年来，考古学家更多地从科学和人类学的角度对法老埃及进行分析，许多传统的以文献研究为基础的埃及学家产生了和玛雅考古学家同样的反应。玛雅学家与埃及学家都开始接受这样一个事实：文字是社会的精英成员创造的，而大批的考古资料则来自那些目不识丁的平民大众；只有将各类考古证据结合起来，全面地看待整个社会，问题才能得到解决。

在法国考古理论学家让－克洛德·加尔丹看来：

人们想当然地认为考古学可以不受限制地研究古代人的一切。然而，有些限制仍然是常见的，即使它们没有那么明显。限制之一就是以下矛盾所导致的结果，即一方面是有文字的材料和古代文献，由碑铭专家和历史学家进行研究，另一方面是考古学家和史前历史学家研究的物质对象。

过去，古代埃及的文献资料和考古学资料常常被综合运用，但由于这两类资料的数量都在不断增长，埃及学研究中的语言学和考古学逐渐分离开来，如加尔丹描述的那样。在关于中王国时期努比亚的行政管理的研究中，巴里·肯普同时使用了文献资料和考古资料，他的研究表明，文献资料通常只能反映系统的片断，而考古学却能展示“广阔的社会结构的轮廓”。另一方面，文献资料往往能补充一些细节，正是这些细节促使抽象的社会经济发展进程转变为常规的历史。在 1974 年，戴维·奥康纳提出将埃及考古与文献资料结合起来使用这样一种相对乐观的看法，他认为：

这两种资料本质上是互补的；考古资料包含那些在文献资料中只有模糊记载的内容，反之亦然。通过互相参考，对两者的诠释常常能得以纠正和扩展。

第五章

王权：模式化和“东方专制君主”

纳尔迈调色板的两面都饰有类似于国王征战的场景，但是最有影响力的场景可能在调色板背面，上面有高大的国王用权杖击打外族人的情景。这种国王击打敌人的场景是埃及艺术中最常见的画面，它象征着法老的权力，通过征服混乱势力，法老维持着宇宙的秩序。1899 年，也就是发现纳尔迈调色板的第二年，弗雷德里克·格林在赫拉康波利斯的 100 号墓的墙上发现了前王朝时期的类似打击场景，100 号墓的主人是公元前 3300 年左右的一位当地官员，该墓是埃及现存的第一个有墓室壁画的墓。大概一个世纪以后，在 20 世纪 90 年代，阿拜多斯的 U-239 号墓（可以追溯到涅伽达一期文化的晚期，约公元前 3500 年）中出土了一个陶器，陶器上有一个高大的人物正在击打 3 个蹲在地上的俘虏，这一画面的年代更早。几千年来，法

图 12 图纳艾尔格贝尔出土的彩釉杯，约公元前 925 年，上面有国王击打俘虏的几幅画面

图 13 吉萨发现的国王哈夫拉的片麻岩雕像，第 4 王朝，约公元前 2500 年

老打击敌人的这一经典画面一直占据着重要地位，它出现在各种与宗教和艺术相关的事物中，从护身符、石碑到寺庙的塔门及外墙，晚至罗马时期仍然能在这些事物中找到这一画面。

在埃及学研究中反复出现的一个主题是埃及国王的本质，特别是他与世俗人和埃及众神的关系。纳尔迈调色板上描绘了一只神鹰在纳尔迈面前为他抓着外族俘虏的画面，进而确立了国王与鹰神荷鲁斯之间的某种密切联系。该调色板还描绘了征服行动中国王与神之间的互动，体现了有关古埃及人王权观念的象征和隐喻的复杂性。专制的法老的观念通过种种渠道——从《圣经》到雪莱的作品——进入了现代人的意识，埃及学家还经常通过对埃及王权的讨论来研究这类问题，如埃及政治体制的变化性，以及诸位法老作为真实的个人（而不是象征性的符号）具有哪些特性。在对那些残破的纪念物和从法老统治时期留存至今的文献进行考证的同时，众多保存完好的木乃伊（尤其是新王国时期的木乃伊）使我们能够直视法老们的面容，仿佛他们是和我们同时代的人。

对埃及人而言，每位新国王继位都代表着一个新的开始，不仅在哲学上，在现实中也是如此，因为埃及人是用“执政年”来纪年的。这意味着埃及人在心理上倾向于将每届新的统治当成一个崭新的开端。几乎每位国王在其任期内都在重复着同样的关于王权的神话。古王国时期，每位国王都有5个名字（即所谓的“五重头衔”），每个名字都概括了王权的某个特定方面：3个头衔强调国王作为神的角色，另外两个则强调了埃及所应该被分为的两块统一领地。

很多统治者都有“强大的公牛”或者“荷鲁斯的公牛”的头衔（注意在纳尔迈调色板上，正反两面的纳尔迈都有一条公牛的尾巴从腰间垂下，这是王权的标志之一）。纳尔迈调色板正面的下部描绘了一头公牛，它将倒地的异族人踩在脚下，并且冲破了城墙，这一画面很可能象征着国王在异国领土取得胜利。国王与公牛形象之间的这种强烈的身份认同（以公牛象征国王的做法）贯穿了整个法老埃及时期。国王同公牛之间的关联很可能也是因为双关语的关系，在埃及语中，公牛一词写作 ***ka***，该词与表示国王的神性或“魂灵”之意的词的发音相同。

每位国王的名字以及画像中都存在大量隐喻和象征，

这使得现代学者很难通过此类证据来研究国王作为个体的特点和行为，相比之下，对王权这一观念的研究则要更容易一些。在阅读埃及学家对各位法老统治的叙述时，我们必须要注意两种类型的固有模式和分类法：第一，古埃及文献本身所表现出来的固有模式；第二，通常由埃及学家无意识地造成的固有模式。

运动健将阿蒙霍泰普

这种模式化的帝王形象的一个“受害者”就是阿蒙霍泰普二世，在相关纪念物中，他常常被描绘成一个运动健将。因此，在 1961 年，艾伦·加德纳对他作了如下描述：

他的肌肉具有非凡的力量：据说他射出的箭能够穿透巴掌厚的金属箭靶，箭头可以从箭靶的另一面露出来；遗憾的是，这种描述被认为和图特摩斯三世有关，只是缺少细节描写，所以我们有理由对此保持怀疑。但是还是有一些关于他的运动才能的例子，由于个人特点十分鲜明，因此我们无法断然否认这些描述。

20 世纪 80 年代，法国埃及学家尼古拉斯·格里马尔甚至透过阿蒙霍泰普的名字和绰号看到了这些才能：

[他]绝不是一个以智慧著称的统治者……他的名望主要来自他非凡的体力……这种对力量的嗜好在阿蒙诺非斯的头衔中表现得淋漓尽致：他的荷鲁斯名是“力大无比的公牛”或者“有尖角的公牛”，他的金荷鲁斯名是“以力量征服了所有土地的人”……阿蒙诺非斯还通过三次叙利亚远征证明了他的力量。

但是，阿蒙霍泰普二世是否是一个强健非凡的国王，这更多的是一个从对特异事实的记述中寻找模式化细节的问题。

首先，这是否只是偶然幸存下来的文献？是因为与其他国王相比，有关阿蒙霍泰普二世时期崇尚运动的记载恰好被更多地保存下来了吗？其次，如果这与文献偶然得以保存无关，我们是应该将这些材料当作证明阿蒙霍泰普的确是运动健将的证据呢？还是单纯地把他当作一个对“埃及国王应该是运动健将”这一观念作出巨大贡献的人？

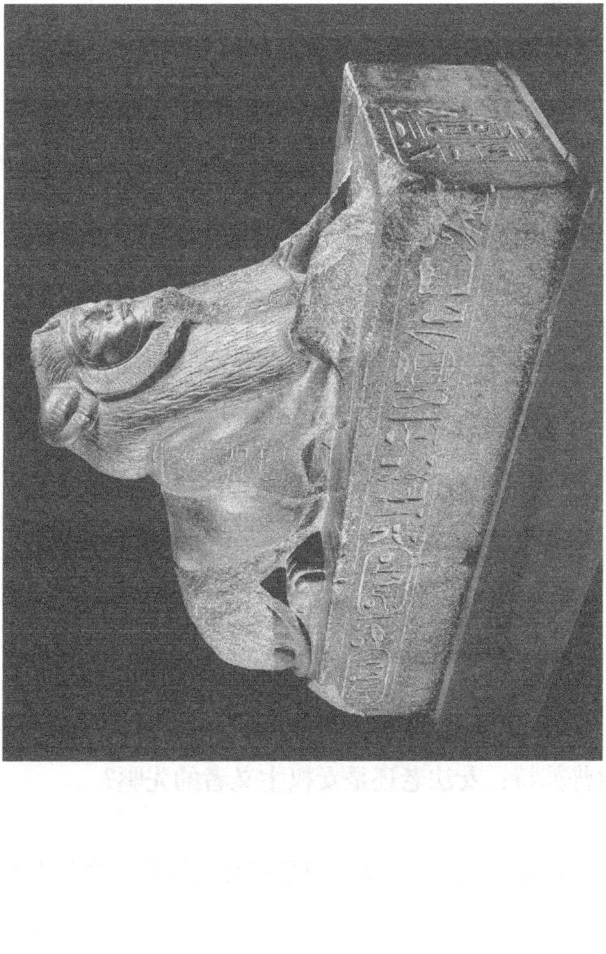

图 14 塔尼斯发现的阿蒙涅姆赫特三世的花岗岩斯芬克斯像，第 12 王朝，约公元前 1820 年

美国埃及学家彼得·德马尼埃利安认为，阿蒙霍泰普二世不仅是一个真正狂热的运动爱好者，同时也是积极倡导王权的这方面特征的人：

将阿蒙诺非斯作为体育事业最积极的倡导者是合情合理的，他通过一些新颖而又详尽的文章拓展了这一特殊文学体裁的内涵，特别是划船、马术和箭术这几个方面。这些独一无二的文章使那些关于他性格这一面的相对精准的描述更为可信。但还有另外一个问题，即运动类文献中的事实与夸张。阿蒙诺非斯真能射穿铜制的箭靶吗？他真能轻松地挥动一支 20 腕尺长的长矛吗？……但是，如果我们选择对阿蒙诺非斯的文献的准确性抱有怀疑，那么这些对国王能力的夸张描写就不会改变我们的结论。实际上，考古学记录已经印证了文献证据。王陵谷的阿蒙诺非斯墓中（第 35 号）就曾出土了木头和牛角制成的复合式弓箭。

哈特谢普苏特：女法老还是女权主义者的先驱？

当我们要了解图像和文字记载所反映的法老的个性特

征时，很多埃及学家和其他学者会自然而然地尝试着去推测他们的性格及动机。特别是动机激发了对两位国王的研究。这两位国王——哈特谢普苏特（女法老）和拉美西斯大帝——声誉已经远远超越了埃及学领域。有人尝试着刻画他们的心理特征，这种尝试备受争议，而且通常足以将这两位国王模式化。

哈特谢普苏特是埃及历史上少数几个能够独立统治埃及、而不附属于男性统治者的女王之一（可能共有 5 个）。“王后”一词通常指埃及王室中的女性，但是埃及学家使用这个词是有很大风险的，因为古埃及语中并没有真正表示女性统治者的词，只有极少数的短语用来表示与男性统治者有血缘或婚姻关系的女性（最重要的是“伟大的国王之妻”，*hemet weret nesw*）、“国王之母”（*mwt nesw*）以及“国王的妻子们”（*hemwt nesw*）。这就意味着在极少数情况下，当女性自己成为“国王”时，她们实际上只能采用男性统治者的王权标志和象征物。哈特谢普苏特的大多数史料都被保存了下来，作为女性统治者，哈特谢普苏特在她统治的大部分时间里都把自己塑造为一个男性。在她位于代尔艾尔麦迪纳的祭庙中，以及其他纪念物上，她的形象经常是身着男性统治者的服装，还戴着国王的“假胡子”。在她的真实性别以及法老的男性角色之间很可能会让人感到某种冲突的存在。但是，只有在她死后，她的名字被从纪念物上抹去这一行为才真正表明人们感觉到了这种不协调。有趣的是，她的王名和头衔常常以阴性词尾结尾（其中一个可能是有意让人联想到中王国时期的女王索白克尼弗鲁），通过玩弄一套文字游戏而将她与某些不可能出现在男性国王名字中的神祇以及神性联系起来。

几乎可以肯定的是，正是由于哈特谢普苏特的性别原因，很多埃及学家一直都倾向于固定地将她归为一个和平主义者。例如，在 1951 年，约翰·威尔森提出：

在国家事务方面，哈特谢普苏特同图特摩斯三世形成了鲜明对比。她没有任何关于军事远征和征服活动的记载；而他成为了埃及帝国最伟大的征服者和缔造者；让她引以为豪的是埃及国内的发展以及贸易事业……这次冒险［即远征蓬特］具有非同寻常的深远意义，它宣扬了埃及的政策，即埃及人应当积极加深与已有朋友之间的友谊，而让那些顽固不化、不友好的亚洲人自食其果，因为埃及人不会与他们往来。

10年以后，艾伦·加德纳对此作出了更大胆的论断：“除了对努比亚进行过一次微不足道的劫掠之外，哈特谢普苏特在位期间几乎没有军事征服活动。”尼古拉斯·格里马尔在1980出版的埃及历史中也指出，哈特谢普苏特唯一真正的对外侵略就是派遣了去往蓬特的贸易远征队：

> 关于这一[前往蓬特的]远征，哈特谢普苏特祭庙的墙上有非常详细的记载，它代表了哈特谢普苏特时期外交政策上的制高点，此前其外交活动仅局限于开采西奈半岛的马哈拉干河谷矿场，以及派遣军事远征队前往努比亚……哈特谢普苏特在位时期，唯一一次军事行动是为了巩固图特摩斯一世所取得的成就……

然而，在20世纪60年代，加拿大埃及学家唐纳德·雷德福就已对女王的统治提出了一种修正观点，他认为这种不合理的假设没有事实依据，明显证据不足。他指出，如果只是因为缺乏描述军事远征的文献就得出这样的结论，那么，一些男性统治者也可以被（可能是错误地）看作和平主义者，在哈特谢普苏特统治之后，埃及迎来了历史上最辉煌的帝国扩张时期，在这种情况下，哈特谢普苏特所取得的军事成就必然会显得黯然失色……如果说图特摩斯三世的远征的确同哈特谢普苏特在军事领域的作为形成了鲜明对比，那么图特摩斯同荷伦布以及塞尚克一世的统治形成的反差就更大。如果只根据现存文献下结论的话，那么后面这两位君主就几乎没有对外征战。

荷伦布在成为国王之前曾是图坦卡蒙的将军，我们有充足的证据证明他绝不是个和平主义者。

另一个关于哈特谢普苏特的统治和性格的争议集中在两个密切相关的问题上：一、她是否是一个软弱无力的国王，要通过异常多的宣传为其获取王位造势；二、她是否被她的管家塞内姆特（男性）所牢牢掌控。加德纳在1961年提出：

没有男性的支持，即使是一个最具男性特质的女性，要达到权力的顶端也是不可想象的。底比斯墓区中仍然有很多她的大臣的豪华陵墓，这些大臣都用卑躬屈膝来形容她。但是在这些人当中，有一个男性表现得十分突出。

唐纳德·雷德福在 1967 年也提出了类似的看法：

毋庸置疑，她最大的支持者是她的总管塞内姆特，此人出身卑微，在她在位的绝大部分时间里，他都是王权背后的实权人物……她的身边围绕着很多宠臣，这些人鱼龙混杂，没有共同的背景，也不大可能拥有同样的政治目的……在她在位第 16 年后的某个时候，塞内姆特消失了，他最终是自然死亡还是失宠并被暗杀，我们无从知晓……图特摩斯三世，这个正值盛年的天才军人，迅速填补了塞内姆特和尼弗鲁拉离任后的空白，如果哈特谢普苏特还希望挽回局面的话，她就不得不对他采取一种妥协的态度。

雷德福继而指出，当图特摩斯三世开始越来越多地出现在浮雕中，并且开始掌握发动对外战争的权力时，哈特谢普苏特就逐渐淡出历史舞台了——但是，这同其他的父子共治相比并没有什么区别：埃及的王子们一般都会被给予更多的权力，使他们能够为将来继承王位做好准备。

甚至在20世纪80年代，格利马尔仍然在把哈特谢普苏特描绘成一个软弱的、受塞内姆特——王位背后的险恶的实权人物——控制的形象：

在其统治时期，她依靠着一些重要人物，其中最重要的是一个叫做塞内姆特的人。甚至在塞内姆特得志的时期，就有一些恶意的谣言，说他之所以荣华富贵，是因为与女王关系暧昧……在哈特谢普苏特在位的前3/4的时间里，他是一个无所不在的人物，但是随后因为一些不明原因，他似乎失宠了。人们认为他是在尼弗鲁拉死后失宠的……他可能已经开始同图特摩西斯三世结盟，这使得哈特谢普苏特在她在位的第19年弃用了他，3年后，女王本人就消失了。

但是，格利马尔所提及的“恶意的谣言”以及“失宠”并没有任何确切的证据，而更多的是出于他自己的想象。

接着，法国的埃及学家苏姗·拉提挺身而出，为哈特谢普苏特辩护：

塞内姆特的性格复杂多变。他的职业生涯的某些方面令人费解。至少到女王在位的第16年，所有的重大成就中都能找到他的身影。在各种决策和活动中，很难分清女王和她的“顾问”各自扮演的角色。我们用“顾问”一词来形容塞内姆特，而有意避免使用“宠臣”一词，因为哈特谢普苏特和塞内姆特这方面的生活是我们完全接触不到的，而且也没有任何客观证据。

最后，第三个关于哈特谢普苏特的历史争论的焦点是：她如何证明自己应当登上王位。在新王国时期的王室纪念物中，有一小部分表明统治者是由一名女性和神（阿蒙神）结合所生，也就是说他（或她，例如哈特谢普苏特）的身体是半人半神的。这就又提出了一个问题：是否这些画面本是许多王室纪念物上必不可少的一部分，只是因为偶然的机会，某些朝代的纪念物上的这些画面才得以保存下来？还是像很多埃及学家所认为的那样，某些统治者更注重强调他们的统治的合法性？

埃及学家经常思考这样一个问题，哈特谢普苏特和阿蒙霍泰普三世的“神圣诞生画面”——分别出现在代尔艾尔巴哈里神庙和卢克索神庙——是政治宣传性的还是宗教性的（也许兼而有之）? 较普遍的观点认为，哈特谢普苏特的性别迫使她利用新方法证明其地位的合法性。而阿蒙霍泰普三世（以及后来的拉美西斯二世，现存的相关画面为数不多）并不存在哈特谢普苏特那样的“性别问题”，但他们也利用了神圣诞生的神话，上述观点则无法解释这个问题。在科林·坎贝尔的《国王阿蒙霍泰普三世的神奇诞生及其他埃及学问题》(1912）一书中，他提出，考虑到王权中阿蒙崇拜取代了拉神崇拜，哈特谢普苏特和阿蒙霍泰普三世的诞生画面的出现实质上是由于宗教原因而非政治原因，其目的在于将国王塑造为阿蒙之子，而不是太阳神拉之子。但是，早在阿赫摩斯统治时期，也就是哈特谢普苏特的三代之前，阿蒙就已经被描述成了国王之父。实际上，至于哈特谢普苏特为什么要强调她的神圣出身，至今仍没有定论。

尽管拼凑的证据总是会造成解读上的困难，但毫无疑问，20 世纪对于哈特谢普苏特统治的解读存在三个难题，这些难题至少部分来源于埃及学家的假设和个人偏见，这些假设和偏见不仅使他们错误地解释证据，还使他们公然为女性统治者建立起一个半虚构的形象，这必然使埃及学家在研究这个主题时借鉴了后来西方史上的（通常都是非常不适合的）许多女性统治者的固有形象，比如伊丽莎白一世和维多利亚。例如，当米歇尔·赖斯推测哈特谢普苏特与塞内姆特之间可能存在的关系时，他借鉴了俄罗斯历史：

> 她似乎同她的建筑师塞内姆特维持着一种暧昧关系，他可能是她的女儿尼弗鲁拉的父亲；也许他对她而言就像波将金对凯瑟琳一样，哈特谢普苏特本人也同凯瑟琳非常相似。

除了哈特谢普苏特以外，另外两个得到这种“盖棺定论”式的性格描述的埃及“王室女性”是尼弗尔提提（她的一尊雕像举世闻名）和克利奥帕特拉七世，后者是托勒密王朝的最后一位统治者，同时也是20世纪电影业中最鲜明的文化符号之一。我将会在本书最后一章讨论尼弗尔提提和克利奥帕特拉的声誉及种种影响，因为这两位埃及王室女性无疑已经跨越了时空界限，登上了现代流行文化的舞台。

拉美西斯大帝

人们对拉美西斯二世时期的埃及王权有着更为普遍一致的看法，但这种看法仍然非常模式化，在他去世之前，他似乎就已被视为帝王的典范了。在其统治的最后几年，他成为了一个活着的传奇，并且受到后世法老们的高度敬仰（以及钦羡），拉美西斯三世就是其中之一。在声名显赫的拉美西斯二世死后仅 30 年，拉美西斯三世继位，他不仅在麦迪奈特哈布为已被神化的拉美西斯二世建造了一座祠堂，而且还用拉美西斯二世的儿子们的名字来给自己的儿子命名。

到公元前 11 世纪，拉美西斯已经成为一个举足轻重的神话式人物，以至于一份魔法纸草如果被鉴定为是“在国王乌斯玛拉（拉美西斯二世）的木乃伊的颈项上发现的”，它就具有了更超凡的力量。此外，拉美西斯还明显与埃及王权体系有着十分密切的联系。在第三中间期，祭司以及高级官员有时会被称为：“拉美西斯的王子”，显示出拉美西斯的名字本身就具有强大的号召力。

后世有关拉美西斯的记忆不仅限于拉美西斯本人而且

涉及塞索斯特里斯，实际上塞索斯特里斯是中王国时期几个统治者的集合，拉美西斯二世在世时贪婪地侵占了他们的纪念物，还无情地将他们的美誉纳入自己名下。在5世纪，希罗多德描述了一个名叫拉姆普西尼图斯的人，他认为正是这个人修建了孟菲斯普塔神庙西端的塔门，还提出他经常寻访底层社会。希罗多德在其《历史》第二卷的121到123页还记述了拉姆普西尼图斯统治时期的两个故事，从这些叙述来看，他似乎就是拉美西斯二世和三世的半神化的混合体。第一个故事讲述了国王如何去冥界玩掷骰子游戏，另一个则是窃取国王财宝的狡猾的盗贼与国王之间斗智斗勇的故事。

大约在400年以后的公元前1世纪早期，狄奥多罗斯·塞库鲁斯引用了埃伯戴拉的赫卡塔埃乌斯对奥西曼德斯之墓的描述，该墓貌似拉美西姆——即拉美西斯二世的祭庙。奥西曼德斯这个名字是拉美西斯二世的第一个名字乌瑟尔－玛阿特－拉的希腊读法。狄奥多罗斯记述了一场假想的奥西曼德斯同“巴克特利亚人”之间的战争，这很有可能是对埃及和赫梯之间的那场真实而遥远的战争的回忆，这场战争中就包括著名的卡叠什战役。埃伯戴拉的赫卡塔埃乌斯对拉美西姆的国王巨像进行过描述，狄奥多罗斯对这些描述作了一番释读：

> 在神庙的入口旁边是三座雕像，每座都是由产自赛印的一整块黑色巨石雕刻而成。其中一个坐像是埃及最大的雕像……上面的文字写道："万王之王就是我，奥西曼德斯。如有人想知道我有多么伟大，我将葬于何处，就让他先超越我的功绩。"

如果说讨论这些雕像和暴虐的专制君主距离当今世界有些遥远的话，那我们就来回顾一下2003年的伊拉克战争，那时世界上所有的电视媒体都转播了萨达姆·侯赛因的巨大雕像被推倒时的情景，这也象征着萨达姆政权彻底被推翻。

狄奥多罗斯的"巴克特利亚人"的主题取材自刻有铭文的班切斯石碑（现存于卢浮宫），尽管相传该石碑是拉美西斯二世在位时期（公元前1290—前1224）制造的，但上面的铭文大概成文于公元前2世纪到4世纪之间。这块黑砂岩石碑发现于卡纳克孔苏神庙附近一个托勒密时期的小神龛里。铭文中说，国王娶了一位名叫尼弗鲁拉的异国公主，她来自巴克坦（巴克特利亚？），姐姐身患重病。据说，由于孔苏神可以化身为“供养者”，具有驱除恶灵的能力，因此拉美西斯传旨将一尊孔苏雕像送给了他叙利亚的岳父，以便给尼弗鲁拉的姐姐班切斯治病。这可能印证了在那个遥远年代里拉美西斯与赫梯公主联姻的真实性，因为赫梯公主被命名为玛洪尼弗鲁拉，同班切斯石碑上记载的异国公主的名字十分相似。我们不知道这块石碑旨在宣传些什么——是颂扬孔苏这个慈悲和仁善之神（*pa ir sekher*：“计划制订者”或“供养者”）？还是意在化解孔苏的两个主要派别的祭司之间的敌对关系？抑或在国势衰微之时借此重新唤起面对外部世界时的民族荣耀感？可以肯定的是，同古王国时期的斯涅弗鲁一样，在埃及人的心目中，拉美西斯二世的统治已经成为了一个永恒的黄金时期。

然而，在1817年，拉美西斯的名誉又受了负面评价，这一年雪莱发表了名为《奥西曼德斯》的十四行诗，诗中包括以下名句：

"我是奥西曼德斯，众王之王。
强悍者呵，谁能和我的业绩相比！"
这就是一切了，别无其他。
在这巨大的荒墟四周，无边无际，
只见一片荒凉而寂寥的平沙。

雪莱从未去过埃及，他很可能是在参观了几次大英博物馆之后产生了灵感，写下了这首诗，因为我们知道1817年时他正在伦敦，在完成这首十四行诗的前几个月，他曾有一个晚上同济慈以及利·亨特一起创作关于尼罗河的诗句。这首诗显然大量借鉴了狄奥多罗斯·塞库鲁斯，也许雪莱还读了威廉姆·汉密尔顿于1809年出版的关于埃及的入门书——《埃及》。另一个重要因素可能是，1817年，名为"小美侬"的拉美西斯巨型石像的一部分被送到了大英博物馆，这是穆罕默德·阿里送给雷根王子的礼物，由贝尔佐尼从拉美西姆的第二庭院运至英国。

拉美西斯的种族渊源甚至也成了讨论对象。在第六章（主要讨论埃及人的民族和种族问题）中我们将会看到，多年来，很多埃及学家都怀有种族主义或民族中心主义的动机。其中一位就是所谓的“狂热的文化传播论者”格拉夫顿·埃利奥特·史密斯爵士。他研究了塞提一世、拉美西斯二世以及美尼普塔的木乃伊，并得出结论：“他们的面相及头骨体现了更多异国人种 [亚洲人] 的特征”，他认为同第 18 王朝的统治者相比，他们“作为埃及人的特征不太突出”。从其种族主义的观点出发，他无疑是想极力证明这些英勇尚武的国王并不是非洲血统。布鲁斯·特里杰、史密斯及其持文化传播论的同道者们认为：“大部分人类天生就是不开化的，如果没有统治阶级的阻止，他们随时会倒退到野蛮蒙昧的状态。”也许正因如此，为了符合“统治者”与“臣民”有不同的血统这一观念，从种族上将拉美西斯及其家族与他们的臣民区分开来就非常关键。

去世后的拉美西斯又理所当然地成为了许多小说中的主人公。他出现在了从埃及学家转行为作家的克里斯蒂娜·雅克的系列小说中。同样，在 1989 年出版的由安·赖斯创作的《木乃伊或被诅咒的拉美西斯》一书中，拉美西斯靠神奇的灵药（同克里奥帕特拉一起）得到重生。

正如我们在本章前面部分所说，当代埃及学家认为哈特谢普苏特是一个特例，因此她需要通过独特的故事来巩固王位，而不管这些叙述是否有根有据，对哈特谢普苏特的评价在很大程度上正是当代埃及学家的这种认识造成的。与此相反，从新王国晚期到 20 世纪，在关于拉美西斯二世的生平和统治的记载当中，他似乎被描述为了傲慢与专制的混合体，而这些典型特征往往被认为是埃及统治者所需要的。结果，当维多利亚时期的小说家和埃及考古协会的创建者——艾米莉·爱德华在 1877 年描写拉美西斯的时候，将他形容为“战争中残酷无情，和平时挥金如土，对战利品贪得无厌，在执行几乎无处不在的权力时毫不留情”。她能描述得如此栩栩如生，并不是因为她搜集了足够的证据，而是因为她显然受到了对拉美西斯的模式化评价的影响，这种模式至少从赫卡塔埃乌斯就已出现了。

最后，最公正的拉美西斯的传记作者之一——凯奈斯·基钦尽力避免对拉美西斯进行草率的模式化塑造，但与此同时他却塑造了一个非常和蔼可亲的君主形象。他批评了埃及学家同行们对拉美西斯二世所进行的艾米莉·爱德华式的归类，还推测了拉美西斯二世对这个现代世界的看法：

他最初也许会为技术和科学而感到眼花缭乱……但不久他就能够透过物质的表面（为了寻求真理和正义），认识到这个世界的另一面：那就是现代世界同他所处时代的世界一样，同样饱受人类的争斗以及人性的弱点所带来的苦难……最后，他无疑会看到某些永恒的正面价值，如爱、奉献、正义感，以及在非实质问题上的相互宽容……

如果说赫卡塔埃乌斯/爱德华强调拉美西斯的专制的看法令人困惑，那么将拉美西斯视为坎特伯雷大主教式人物的基钦式的观念就更加混淆视听。

为了对埃及王权的模式化有真实的了解，我们也许应该看看简·阿斯曼的研究，他在《在古埃及寻找神》一书中描述了王权如何成为埃及创世神话的核心：

故事由国王开始。他是荷鲁斯神的化身，是那个曾经并且现在还是要通过战胜父亲的死亡而取得王位的儿子。九神会[9个创世神的组合]既是他的家人，也是宇宙本身，他必须在他们面前证明他才是王位的合法继承人；按照向下的顺序读，他的家谱就是宇宙演化的过程。他的职责的合法性在于：这一统治权，即阿图姆的职权，原始之神曾在他的后代身上实施，它经历了这样一个传承过程：从空气与大地之神，到荷鲁斯死去的父亲奥塞里斯，再到那些历史上的国王，他们是奥塞里斯之子荷鲁斯的化身。

通过这段文字，我们对阿蒙霍泰普二世，哈特谢普苏特以及拉美西斯二世时期流传下来的大多数文献和艺术形象的背景有了一些了解，而且有了这些关于宇宙的比喻，我们能够从这些材料中隐约看到一些国王的个性。如果埃及的统治者们给人感觉十分傲慢，那是因为他们不得不将自己看作是人类和宇宙之间的关键角色，至少在理论上是这样。

第六章

身份：关于种族、人种以及性别的争论

纳尔迈调色板上有法老和他的化身（反面是鹰神荷鲁斯，正面是公牛）处决或羞辱外族人和敌人的场景。如前所述，这些形象一方面是埃及人表现模式化的王权观念的部分工具，另一方面还是一种象征。埃及人以此来界定和强化他们作为一个民族和国家的身份，将自己与境外混乱的外族人区别开来。然而，我们也许会问，浮雕上荷鲁斯抓着的那个俘虏是否是利比亚人或者亚洲人，或者该浮雕描绘的是否仍然是上埃及以武力统一下埃及的一场内战，而那个俘虏是下埃及人。我们也许还会问：调色板底部的那两个卑躬屈膝的人，以及另一面上那一排被斩首的人，他们是下埃及人还是外族人？上埃及人在这一时期是否将下埃及人看作半外族人？难道正如埃及学家皮特里和埃默里所说，画面中的法老及其臣子实际上是来自近东的入侵者，而不是“埃及人”？如果是这样，纳尔迈调色板上到底哪些人才是真正的“埃及人”？

埃及早期种族身份的象征

事实上，对于法老时代早期的埃及人来说，纳尔迈调色板似乎对他们的民族身份的界定有着特别的意义。托比·威尔金森认为，纳尔迈的名字所代表的动物被直观地表现出来，他是古埃及最后一位被如此描绘的国王，因此，在纳尔迈的象牙权标头和圆筒印（见第三章）上都有一条被拟人化了的鲇鱼，它正在重击外族俘虏，这多少有点不可思议。而在调色板上，纳尔迈不仅化身为隼鹰和公牛等代表法老的兽类标志，同时表现为一个攻击敌人的法老形象。因此，威尔金森提出：

纳尔迈调色板是王室象征的早期及晚期传统手法的高度混合，纳尔迈的统治标志着统治观念的根本转变，调色板是体现这一观念转变的最好例证。

威尔金森还指出，纳尔迈调色板可能是借鉴了美索不达米亚图形（如在调色板中间的凹处有两只脖颈缠绕在一起的长颈怪兽）的最后一件王室手工艺品，因此：

随着埃及的统治者开始拒绝使用王室图像，转而采用本土的图形，在第一王朝初期，官方对于外部世界的意识形态也经历了重大转变……此后，在埃及的国家意识形态中，非埃及人就是未开化的野蛮人，他们被排斥在埃及人的王国之外，因此对埃及法老、老百姓及其生活方式采取敌对态度。

毫无疑问，在对纳尔迈调色板的研究当中，身份认同问题十分普遍，同样，这个问题也渗透到了整个埃及学学科当中。古代埃及人到底是什么样子？他们如何使自己区别于周边的民族？埃及文化是黑非洲文明的一部分还是近东文化的若干变异形式之一？我们定义埃及人的依据是什么？是他们的语言、地理位置还是他们的外貌？他们是如何看待自己的？在很多方面，埃及人通过强调他们与非洲和近东的外族人之间的巨大差异来明确自己及统治者的身份。埃及逐渐与之建立商业和政治联系的地区大致可分为 3 个区域：非洲（主要是努比亚、利比亚及蓬特）、亚洲（叙利亚 - 巴勒斯坦、美索不达米亚、阿拉伯半岛以及安纳托利亚）以及地中海北部和东部地区（塞浦路斯、克里特、海上族[1]以及希腊人居住区）。

纳尔迈调色板或许还可以告诉我们一些关于早期埃及人与外部世界交往的情况。早在 1955 年，以色列考古学家伊加尔·亚丁分析指出纳尔迈调色板所描绘的可能不是简单的庆祝国王继位或宗教仪式等场景，甚至也不像过去的理论所认为的那样，记述了上下埃及的统一。亚丁认为，它反映的是埃及与近东早期的军事冲突。亚丁重点关注了在纳尔迈国王击打敌人的高大形象下面的两个卑躬屈膝的人。正如我在第一章所谈到的，在某些方面这两个人物的身份可以通过旁边的一对类似象形文字的符号来确定。左边的符号看似一座防御城墙的长方形平面图；如果该符号代表的也是建筑的话，右边的则可以看作一座半圆形围墙，有两堵墙由它的中间向外伸

1　指在公元前 13 世纪从陆地和海洋侵占埃及和东地中海的侵略者，这里指的是他们的活动范围。

展出去。亚丁指出，右边的符号可能是埃及人独特的风筝形围墙的表现方式（从上面看，它呈钻石状，并有两条“带子”从上面垂下）。在现代城市阿曼附近的哈玛德沙漠发现了大量此类建筑，在阿曼，人们认为这些建筑是防御城墙，畜群可以圈养在其中以免受其他部落的袭击，因此这两个符号表现出了纳尔迈脚下那两个人的来源地，如果亚丁判断正确的话，第一个符号代表埃及人在青铜时代早期的巴勒斯坦征战时遇到的长方形防御城墙，第二个符号表现的则是风筝形围墙，与当时外约旦地区的游牧民族有关。

有趣的是，20 世纪 90 年代，在以色列纳哈尔蒂拉地区的西罗遗址进行的考古发掘中，发现了一块埃及陶片，上面刻有一个王名框，框内写着纳尔迈的名字，同时还发现了很多其他的埃及手工艺品，其中有象征权力的物品如权标头，其年代与纳尔迈调色板的年代相近。此外，在纳哈尔蒂拉地区西北部的泰勒埃拉里地区也发现了埃及人活动的证据，这些都表明当时埃及人的确出现在巴勒斯坦地区。这些考古学证据或许可以证明亚丁理论的正确性，即埃及人的军事扩张很久之前就到达了黎凡特地区。

黑色的埃及人：伯纳尔，迪奥普以及对“凯麦特”的再定义

谈到埃及人的民族身份，我们就必然要试着解决这样一个当代性问题，即从种族和民族的角度来说，埃及人在多大程度上是“黑色”人种。马丁·伯纳尔和谢赫·安塔·迪奥普认为埃及文明在本质上是“黑色”文明，只是欧洲白人在文化上对它进行了修正，使该文明受到了曲解。他们的这种观点有多少依据？1981年，迪奥普断言：“埃及人是黑人，他们嘴唇厚，头发卷曲，双腿纤细。”就现存的木乃伊以及对古埃及人的描绘来说，尽管有一部分符合迪奥普的描述，但从外貌和人类学的角度来看，大多数都与迪奥普的描述相去甚远。

埃及人如何看待自己？我们可以从两方面回答这个问题：一是研究埃及人在绘画和雕塑中是如何描绘自己的；二是分析他们如何描绘外族人。与许多其他文化一样，埃及人似乎主要是通过自身与埃及之外的民族的比较来获得身份认同感。从埃及人描绘自己和外族人的象征符号上来看，在大部分历史时期，他们对自身形象的

认识往往介于黑皮肤、卷头发的非洲人以及肤色浅、蓄胡须的亚洲人之间。新王国法老塞提一世以及拉美西斯三世的陵墓位于帝王谷，墓中有一些壁画，这些壁画表现了太阳神拉掌管的宇宙中的不同人种，其中就包括皮肤呈红褐色的埃及人，与黑皮肤的库什人（努比亚人）和肤色较浅的利比亚人及亚洲人都形成了鲜明对比。除了肤色和其他身体特征外，我们也可以从发式与服装上来区分这些古代人种，这些分类无疑能够使埃及人同世界其他地区的人区别开来，成为一个民族。然而，就连埃及人自己也会认为这些描绘是一种简单的模式化，因为从成千上万的埃及人的肖像来看，他们的肤色是非常多样的，从深浅褐色到黑色都有。

因此，从另一种意义上说，埃及人是在文化上而非种族上将自己视作一个独特的民族。有很多这样的例子：对于一些外表看来明显属于“异族”的人，埃及人也在社会和政治层面上把他们看作自己人。梅伊赫普里就是一个很好的例子。梅伊赫普里是第18王朝早期的一名军官，他获得了在帝王谷建造自己陵墓的特权，但是他的外貌特征（黝黑的皮肤和卷曲的头发）清楚地表明他是努比亚血统。同样在第 18 王朝，一个叫做阿佩尔的亚洲男子当上了维西尔（最高的官职，仅次于国王），从他的名字可以看出他来自近东地区，在这一时期，还有很多其他亚洲人在埃及的精英统治中身居要职。

埃及学家——尤其是北美的埃及学家——不能回避这样一个事实：古埃及文化的问题已经变成了一个“黑色问题”。认为埃及本质上是一种黑人文明的观点——这通常被描述为一种“非洲中心论”的立场——对很多非洲人以及非裔美国人都至关重要，因为它说明非洲人和黑人在早期文明形成过程中有更为重要的作用。很多非洲中心论者认为针对“埃及”的权威埃及学研究带有很深的偏见，因此他们只用古埃及的地名凯麦特（字面意思是“黑色的土地”）来指称埃及，尽管该词实际上是指黑色的沃土，而不是人的肤色。非洲中心论者提出了各种各样的论据，其中包括马丁·伯纳尔的极度理性的观点——与谢赫·安塔·迪奥普那颇受争议的蹩脚观点（例如，他指出约鲁巴人的“教皇”奥尼与埃及神奥塞里斯拥有同样的头衔）相比，伯纳尔在其两卷本专著《黑色雅典娜》中列举了一系列论据，较为可信地说明了埃及是“西方”文明的重要推动力——还包括一些极其感性或模棱两可的看法，如莫莱菲·凯特·阿桑特提出：

……埃及语中的 ***mdw ntr***，即书面文献，代表着整个非洲世界。每一个埃及象形文字符号本身都是世界的一个微小部分，因此文字作为思想的表述不断地在非洲大陆上重复着，而雕塑正是这些思想的构成成分。

毫无疑问，过去某些埃及学家对埃及人的解读带有种族主义色彩。最为恶劣的是，格拉夫顿·埃利奥特·史密斯曾在 1909 年指出：“哪怕只有一点非洲血统，其后果也会马上显现出来，它会使人们不思进取，成为文明艺术进一步发展的阻力。”弗林德斯·皮特里也提出了一种理论，他认为法老埃及是来自近东甚至是来自欧洲的“优等民族”建立的，如果我们没有意识到他的政治观点是右翼的（他写了一本关于社会主义的危险性的小册子），或者没有意识到他是优生学运动的积极分子，而该运动的宗旨正是通过“研究受社会制约的可以提高或降低人类后代的人种质量的力量”（引自该运动的创始人——人类学者弗朗西斯·高尔顿爵士），从而致力于“改善”人类血统那我们就很难理解他的理论。另一方面，布莱恩·埃默里对于早期埃及侵略论的拥护无疑是更多地受到了戈登·蔡尔德的文化传播理论的影响，但也有可能是受到了二战前英国在埃及和苏丹的殖民主义的影响。

然而，我们来设想一下——许多非洲中心论者似乎也是这样做的：首先，许多传统的埃及学观点仍然受到种族主义的影响；其次，这种偏见的存在在某种程度上恰恰证明：与图像和文字证据所表明的相反，古埃及人是非洲黑人。这些设想似乎缺乏证据。也许对此最有发言权的应该是 C. 洛林·布雷斯：

> 埃及并不存在“种族”的概念，希罗多德的著作、《圣经》以及任何其他古典文献也没有提及这一概念。由于它缺乏生物学和社会学上的依据，因此无论在公共还是私人场合，我们都应该竭力避免使用这个词。不用这个词并没有人会在意，反而对我们有利。R.I.P[1]

1 拉丁文 *Requiescat in pace* 的缩写，即 Rest in peace，通常写在墓碑上，本义为“安息吧”，此处引申为“不要再提这个词了”。

性别与性特征

自从埃及人的身份问题被提出以来，它就一直备受埃及学家的关注。然而，这一问题的某些方面却很少被提及，这可能是因为埃及学家往往是欧洲的白种人或北美男性学者。纳尔迈调色板顶部女神巴特的几个头像是唯一具有女性元素的装饰（埃及学家——也是艺术史家——惠特尼·戴维斯指出，这些甚至有可能是公牛神的头像）。与大部分埃及艺术或文献一样，纳尔迈调色板本质上也是一个以刻画男性为主的手工制品。这样问题也随之而来：我们对古埃及女性了解多少？对埃及人自己如何看待性别与性征又知道多少？埃及社会的哪些方面受到了性别问题的显性或隐性的影响？

在观察埃及文字和图像资料中的性别模式时，我们几乎能立刻看出男性形象及其受关注的程度要远远超过女性，而这些作品中对男性的倾斜以各种不同的方式表现出来，有些很明显，有些则更微妙而含蓄。正如我们在总结关于哈特谢普苏特女王统治的观点时所看到的，在法老埃及近 3,000 年的历史中，极少有女性能够成为

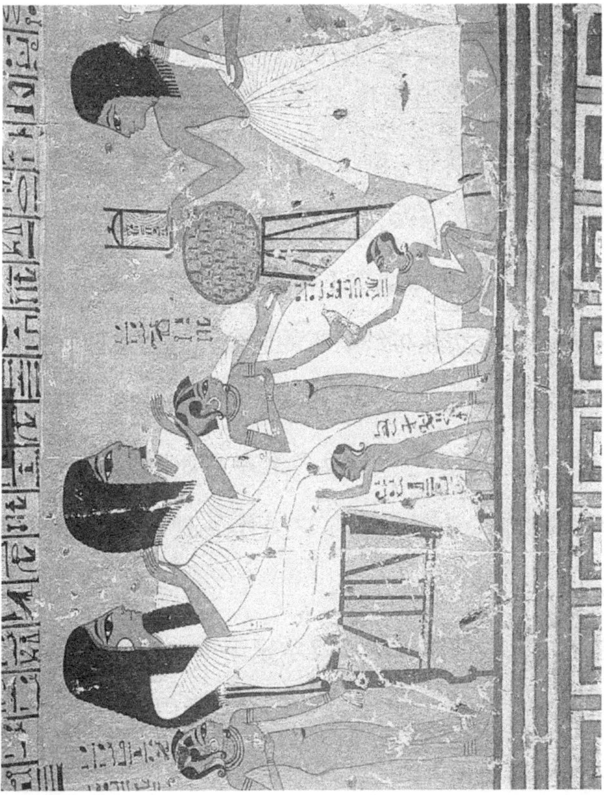

图 15 代尔艾尔迈迪纳墓室祠堂壁画，第 20 王朝，约公元前 1160 年

统治者。在墓室祠堂的壁画中，女性通常是次要角色，因为这些陵墓几乎无一例外地是为她们的父亲、丈夫和儿子所建。从埃及的文献和艺术图像中可以看出，最晚从第 1 王朝开始，埃及就一直以男性为中心。这一方面是因为我们有倾向性地选择了某些资料，从而造成了一种假象，但在某些方面也是埃及的社会现实：古埃及的女性未曾受过教育，她们常常被排斥在管理层之外，也极少出去工作，当然，纺织、酿酒和烘烤等工作除外（尽管也有男子从事后两项工作）。墓室壁画以及随葬木俑常常表现的是女性纺纱织布的形象，有时也有一些收割亚麻的农耕场面。一些古代文献指出，收割亚麻是王室女眷的主要活动之一（很多维多利亚时期的东方主义画家在创作“法老女眷”这类作品时常常忽略了这个现实）。

过去，以男性居多的埃及学家简单地把这种情况视为理所当然，很少从男性为中心的文献中努力“挑出”关于女性的角色和生活方式的信息。然而在过去的 30 年间，随着女性埃及学家越来越多，这方面的尝试——即透过字里行间去寻找关于女性生活和成就的信息——也就自然而然地多了起来。例如，有一点非常明显，即女性地位随着时间的推移发生着变化。在法老埃及时期，事实上有 3 个阶段的文献体现了女性的突出地位：一是古王国时期，那时女性可以担任一些管理职位（尽管只是管理女性群体）；二是第 18 王朝早期，这时女性形象更为频繁地出现在墓葬石碑上，这可能反映出她们有更多的机会参与丧葬仪式；最后是第 20 王朝晚期到第 22 王朝早期这段时间，此时女性形象不仅越来越多地出现在墓室祠堂中，还常常单独出现，并没有任何男性亲属的陪同。

由于埃及学者长期以来一直倾向于研究精英集团的纪念物，因此许多早期研究都不可避免地集中在王室妇女和贵族妇女身上，譬如海泰菲利丝（胡夫的母亲）、索贝克内弗鲁（第 12 王朝的女性统治者）、哈特谢普苏特以及尼弗尔提提。然而，埃及学家们越来越注重获取有关不同社会和财富阶层的妇女的信息，而新近兴起的居住区考古也极大地促进了这一重心的转移，这种居住区考古可以提供社会经济生活的客观证据，这些证据至少有可能展现埃及社会中以妇女为中心的某些方面。那些在男性为主的文献和艺术形象中看不到的家庭和社会生活的某些方面，在考古记录中有时却表现得很明显。然而，我们在分析男女利用房屋的模式时需要特别谨慎，因为我们很容易毫无根据地把某个空间同特定性别联系起来（如女性/厨房，男性/客厅，女性/卧室），而这种设想带有一种民族中心主义的色彩。

另一个性别研究的领域就是较为棘手的性征研究，在该领域中，埃及学家常常会犯民族中心主义的错误。在第八章中，我会提到埃及宗教非常重视某些神祇的男性生殖器。很多在犹太－基督教宗教传统下长大的埃及学家——用学术语言来讲，都在避免谈论这种男根崇拜，有意无意地把它看作某种与宗教格格不入的东西。从广义上讲，这使许多埃及学家企图对一些事件轻描淡写，如阿图姆为了传宗接代而进行自淫（在没有与任何女神结合的情况下）。根据雷蒙德·福克纳的翻译，《金字塔铭文》的527条明确说道：

阿图姆神从一开始就存在，他在赫利奥波里斯进行自淫，他抓住自己的生殖器并获得性高潮，然后生下了舒和太芙努特。

然而，1892 到 1924 年间在大英博物馆担任埃及和亚述文物保管员的瓦利斯·巴奇说，这一虚构的行为是“有关自然论的一个粗鄙的例子”，巴奇显然只能把它视为某种史前宗教的遗留，从而使这一行为得到解释。而美国埃及学家詹姆斯·亨利·布雷斯特德则含糊其辞地把这段铭文译为：“阿图姆运用自己的男性力量进行了自我繁殖”，其中根本就没有提到性行为。

到目前为止，只有两本书谈及法老埃及和希腊－罗马时期的埃及的性问题，但两位作者都强调了这样一个典型的埃及学的设想，即传统上倾向于把和性有关的器物及图像与较为中性的“繁殖力”联系起来，而不是公开承认对性的描写和性行为。正如林恩·梅斯克尔所说：

墓室壁画强调的是女性的性能力，而不是她们的繁殖能力（即怀孕），她们的性能力可能是来世生活中备受欢迎的东西，就像仆人和食物一样。

汤姆·黑尔则谨慎地指出，我们通常难以判断画面是否是色情的。黑尔分析道：

不管我们个人认为刻画胸部赤裸的埃及妇女或女神的绘画多具吸引力，如果将其视为色情的是很轻率的。这是因为在古埃及规范的艺术形式中，成年妇女和女神通常都是袒胸露乳的，而且胸前的乳头也被勾画了出来。

他进一步分析了我们之前所见的那幅画面，衣着相同的妇女在雕像中就没有露出胸部，而在平面绘画中则裸露着一只乳房——这似乎是某种艺术惯例而非色情。另一方面，他承认在第18王朝中期的贵族墓室中，有许多赤身裸体的舞女、歌女和仆人的形象，从其外观可以断定这些是有意识的对性征的描写，在这种情况下，“这些女性形象无疑成为了男性目光的焦点”。

以上对民族、种族、性别以及性的讨论的最终结果表明，在当代埃及学研究中，这些话题无疑是最有争议的也是最吸引人的。由于当代西方世界本身也深陷于种种身份危机之中，从“政治正确”到“民族纯洁”和“种族仇恨”，古埃及的文献资料自然就有了新的利用价值（这句话让我无意间想起一则谣传——也可能是诽谤——曼彻斯特的磨坊主用埃及的木乃伊作燃料……）。

第七章

死亡：制作木乃伊、肢解和奥赛里斯崇拜

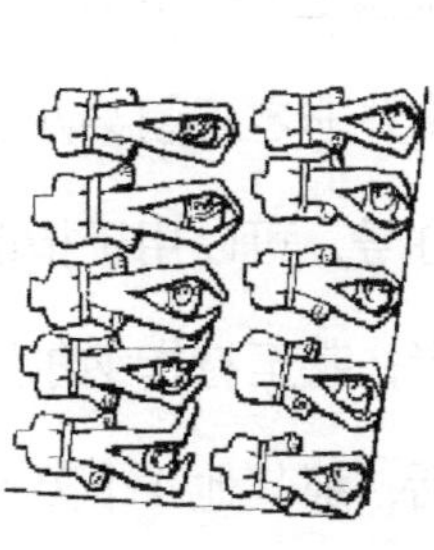

虽然纳尔迈统治期间最重要的两件物品——纳尔迈调色板和权标头——都发现于赫拉康波里斯，但纳尔迈的墓却不在此处，他的墓与零王朝和第1王朝其他统治者的墓都在阿拜多斯的乌姆艾尔卡博遗址的墓群B中，该遗址位于赫拉康波里斯西北150公里外。B17/18是双墓室墓，经鉴定，它很可能是纳尔迈的墓，尽管能够证明它与纳尔迈有关的文献非常少。墓群B中还有其他国王的墓，包括纳尔迈的继任者——第1王朝的另一位国王阿哈，以及可能是纳尔迈前任的两位国王——伊瑞－霍尔和卡（尽管有学者认为，这两个名字并非零王朝某两位国王的名字，而只是两个普通的王室称号，可以用于指前王朝后期或第1王朝的任何一个统治者，甚至特指纳尔迈的不同方面——如果是第二种情况的话，那其他4个墓室可能是纳尔迈墓群的附加部分）。伊瑞－霍尔、卡和纳尔迈的墓都是双墓室结构，但阿哈的墓却是一个墓群，它由若干个单独的墓室组成，分3个阶段建成。阿哈的墓还有一个新要素：墓群的东北方有33个附属墓，里面有年龄在20到25岁之间的年轻男子的遗骸，这些人很有可能是在国王下葬时被殉葬的。除此之外，在其中一个附属墓附近，还发掘出至少7具幼狮的骨骸，它们可能是象征国王身份的随葬品。

事实上，与本章主题——奥赛里斯崇拜及埃及人对待死亡的态度——最为相关的是位于阿拜多斯的第1王朝后期一位国王的陵墓，即阿哈的继任者杰尔（可能是纳尔迈的孙子）的墓。杰尔墓（包括成排的附属墓，占地面积为70×40平方米）是阿拜多斯地区早王朝时期王室墓群中最大的一个，弗林德斯·皮特里就是在该墓的北墙里发现了一截包裹在亚麻布里的手臂，手臂上带着珍贵的手镯（该墓在古代被烧毁时，这截手臂因为藏在墙中而得以保存下来）。这截手臂可能是早王朝时期墓群中某个王室成员的木乃伊的残留部分，但遗憾的是，由于只有那个手镯和几条亚麻布绷带留存至今（前者现存开罗埃及国家博物馆，后者现存伦敦大学学院的皮特里博物馆），因而无法通过对该肢体的科学定年来判定它是否与杰尔同时代。

最晚在中王国时期，杰尔墓已成为了奥赛里斯神的一个象征性的墓（字面意思为“空墓”），从而变成了“朝圣”中心。墓地中立有一座奥赛里斯神的石像，1897 年法国考古学家埃米尔·阿姆利诺第一次发掘此墓时，发现该石像仍然立在原地。这个墓似乎被视为最典型的王室墓葬遗址：这里是神话中奥赛里斯神的埋葬地，而对奥赛里斯神的宗教崇拜又与那个死去的国王紧密相关。那么，奥赛里斯究竟是什么？为何他对我们理解死亡、木乃伊以及其他东西如此重要？

“西方最首要者”

冥神奥赛里斯是最早的埃及众神之一，他起初可能是掌管农业和尼罗河“泛滥”的丰饶繁殖之神。与很多其他埃及主神一样，随着对他的崇拜遍及全国，他逐渐吸收了其他神的特征。在某个时期，奥赛里斯崇拜传播到了阿拜多斯，在这里，他被冠以 Khenty-imentiu（“西方最首要者”）的称号，这一称号是当地人祭拜的一位豺狼形象的冥神的名字。最迟从中王国时期起，阿拜多斯开始每年举办奥赛里斯神的纪念活动，内容包括奥赛里斯神的神像被放在他的圣船上进行游行，由豺狼神韦普瓦韦特（“开路者”）在前引路。在奥赛里斯神的雕像被送回神殿接受净化之前，游行中还会表演奥赛里斯战胜敌人的场景。与“神秘”的奥赛里斯相关的仪式在神庙中举行，这些仪式很可能是要赞颂他这个起初的丰饶之神。一位名叫伊赫尔诺弗瑞特的祭司——第 12 王朝国王塞努斯瑞特三世在位时期奥赛里斯神年度纪念活动的主办者——在阿拜多斯立了一块石碑（现存柏林博物馆），石碑上记载了奥赛里斯庆祝仪式的某些场景。

在很早的时候，奥赛里斯就占用了安杰提神的标志，也许他作为冥王的神性也源自安杰提神。后来，安杰提神的宗教崇拜中心，即三角洲地区的杰都，也因此被称为布赛里斯，据说该地与奥赛里斯的脊椎骨紧密相连（其标志就是杰德柱）。奥赛里斯同时代表丰产和死亡，这种组合几乎注定了他会成为最终的复活之神。与这位死去的国王之间的联系则最迟确立于第 5 王朝。为了获得永恒的生命，人们必须要将制成木乃伊的尸体与奥赛里斯联系起来。

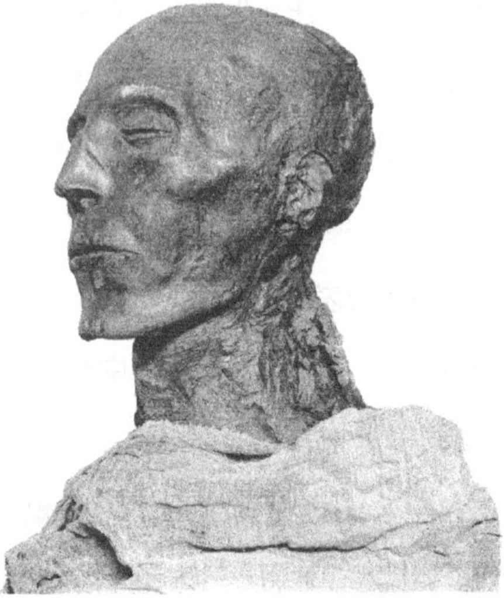

图 16 塞提一世木乃伊的头部，第 19 王朝，约公元前 1300 年

埃及文献常常通过一些仪式和称号来暗指各种神话，然而众所周知，他们的文学作品中缺乏简单易懂的叙事体神话。就像靠一些圣诞卡片和颂歌拼凑出《圣经》中对耶稣诞生的描述一样，通过古埃及文献重构埃及神话也是极其困难的。因此，最详尽地记录奥赛里斯的神话的不是某个古埃及文献，而是希腊作家普卢塔赫（约公元 46—126）后来编辑整理出来的传说。古埃及文献中一些现存的残篇已经证实了普卢塔赫所记载的某些内容，但

其他内容则有可能是希腊人或罗马人杜撰出来的。根据普卢塔赫的记述，奥赛里斯是一个人形的统治者，他偶然（！）与自己的弟妹奈弗希丝发生了性关系，招致他邪恶的弟弟塞特的嫉妒，于是塞特密谋暗害他。塞特设法掌握了奥赛里斯身体的尺寸，并按照他的身材做了一个漂亮的箱子。之后，塞特举办了一场宴会，邀请奥赛里斯还有自己的 72 个同谋到场。席间，他搬出那只箱子，并宣布谁躺进去刚好合适，谁就要接受这个礼物。当奥赛里斯一踏进这个箱子，他就被锁在了里面。塞特等人用熔化的铅把盖子封死，并把箱子扔进了尼罗河。箱子漂流至地中海，最终被冲到了叙利亚港口拜布罗斯。有人说箱子在那里被一颗雪松缠住了，由于这座城市与古埃及保持着密切联系，尤其是在雪松的供应方面，因此这种说法也就不足为奇了。

最终，奥赛里斯的妻子伊西丝把他救回了埃及，把他藏在棺材里并埋入了沼泽地，打算为他举办一场体面的葬礼。然而，据说塞特在经过此地时被棺材绊倒了，于是一怒之下肢解了哥哥奥赛里斯的尸体，并将碎尸（有关碎尸数目的记载各不相同，从 14 块到 42 块不等）分散到埃及各地。伊西丝四处寻找这些碎尸，并把它们就地安葬。根据普卢塔赫的记述，奥赛里斯的生殖器被尼罗河鲤鱼（鳞齿鱼）、法格鲁斯和奥克林库斯鱼吃掉了，所以只好给他安了一个假阴茎。但值得注意的是，任何残存埃及文献都没有提及这一点，因为在奥赛里斯崇拜中，强大的生殖力是至关重要的因素。据原始的埃及文献记载，在奥赛里斯的碎尸被找回并被拼成第一个木乃伊后，还有另外一出情节——伊西丝通过奥塞里斯的木乃伊受孕并怀上了荷鲁斯。有这样一幅场景描绘受孕的瞬间：伊西丝化身为鸢，在木乃伊的阴茎上盘旋。位于阿拜多斯的塞提一世神庙中的索克尔－奥赛里斯神龛，以及丹德拉的哈托尔神庙的屋顶密室中都有这一场景的不同版本。

奥赛里斯和伊西丝神话中的许多主要内容在古王国时期（约公元前 2686—前 2160）就得到了证实，包括奥赛里斯被淹死和伊西丝发现他的尸体。确定沙漠和混乱之神塞特为谋杀奥赛里斯的人则是在中王国时期（约公元前 2040—1640 年），但故事中并没有明确指出塞特分尸的行为。然而，最能使我们深刻理解古埃及文化的恰恰是这一分尸的过程。尽管我们很难确定神话是仪式的反映还是诱因，或者在现存的文献和图像资料背后是否经历了其他创作过程，但奥赛里斯神话和木乃伊的制作过程这两者之间似乎存在某些联系。希罗多德对埃及人制作木乃伊的过程有非常详细的记载，在制作过程中，主要执行者是“开切口者”（*paraschistai*）和“泡制者”（*taricheutai*），这两个称呼虽然稍显不敬，但却清楚地体现出了制作木乃伊的两个主要步骤：必须先由“开切口者”把尸体切开，在某种程度上也就是肢解，然后再由“泡制者”重新组合并保存起来。因此，奥赛里斯的神话准确地展现了尸体保存的实际操作过程。

虽然奥赛里斯崇拜以各种形式渗入到了埃及人对来世的信仰中，但其中有两方面最为突出，影响也最广泛：其一，到了新王国时期，墓葬文献中越来越普遍地将死者同奥赛里斯明确联系起来的，同时在描述死者的命运时也有意呼应神话中的部分内容；其二，阿拜多斯遗址作为私人墓葬礼仪的中心地，具有极其重要的作用。在阿拜多斯有许多留存至今的私人供奉的墓碑及纪念碑，这说明至少从古王国末期起，奥赛里斯崇拜就开始流行起来（就流行一词的字面意义而言）。甚至当人们不能在阿拜多斯树立墓碑或纪念碑时，就在墓中放入一些代表去阿拜多斯朝圣的物品或图画，如船的模型等。这些船的模型有时象征着死者前往奥赛里斯的家乡之旅。*Abydosfahrt*（埃及人称其为“平静之旅”）指的是一段想象中的阿拜多斯之旅，它最早出现在中王国时期两个地方长官阿蒙涅姆赫特和赫努姆荷太普二世的墓中，以彩绘的形式表现了船只往返于圣地的情景，旁边的铭文则描述了死者参加奥赛里斯纪念活动的场面。

到中王国后期，在阿拜多斯立私人墓葬纪念碑已经泛滥，以至于第 13 王朝的统治者卫加弗颁布了一道法令，禁止在奥赛里斯节游行的沿途修建坟墓。奥赛里斯式的丧葬权不仅局限于直系王室家族，对此，美国埃及学家约翰·威尔金森曾有一句著名（但并不确切）的评论，即“来世的民主化”：换句话说，普通民众也获得了以往专属于王室的丧葬特权，他们可以亲自参与奥赛里斯的仪式，并因此享受之前仅限于国王的丧葬权利。“民主化”一词难免有这样一种含义：由于普通百姓也可以使用王室套语、举行王室的丧葬仪式，直接的后果就是对王权的信仰在某种程度上被削弱了，但与此相反，也有人指出这一模仿举动实际上加强了对王权威望的信奉。

古埃及人的死亡观

有这样一句老生常谈：古埃及人完全沉迷于和死亡有关的事物。这句话面临着被下面一句新的套话所取代的可能。近年来，很多著作都清楚地表明，古埃及人实际上沉迷于**生命**，他们的陵墓中有无数个描绘“日常生活”的画面和模型，人们或是在田间劳作，或是酿酒、欢宴、奏乐、舞蹈，或是从事着其他种种和生活相关的活动。事实上，如果用漫画来表现埃及人的话，我们完全有理由认为，他们真正的关注点位于生命和死亡这两极之间。当然，古埃及社会的贵族阶层为准备后事投入了过多的时间和金钱，比我们认为应该在健康方面的投入要多；但同样可以肯定的是，我们总是过分关注古埃及社会中和殡葬有关的那些方面，部分原因在于墓群和其他与丧葬相关的事物都位于沙漠中，其保存状况更为完好，而大多数房屋、城镇、集市都位于靠近尼罗河或其他水源的相对较湿的环境中（也往往会被现代城镇所覆盖）。很多考古学家偏爱与死亡和来生等话题相关的资料，这直接导致了许多发掘出来的考古资料都与这些题目有关。虽然在最近几十年，情况发生了重大转变，对城镇的勘查和发掘越来越多，正如我们在第一章结尾所谈到的，但直到最近，很多研究项目一直是围绕丧葬或宗教事务来进行的，而不是以社会或经济发展趋势为中心。大部分埃及学证据仍然以死亡而非生命为中心。

古埃及人的信仰在很大程度上影响了他们的生死观，他们坚定地认为人们可以通过多种方式获得永生，其中包括虔敬众神、将尸体制成木乃伊保存起来、提供雕像和其他丧葬用品等。套用现代词汇就叫做分散技术。保存下来的众多陵墓和墓葬文献使埃及学家得以探究这个信仰体系的复杂性并使该体系得到详细解释。古埃及人认为，人作为个体不仅仅是由肉体构成的，还有其他 3 个至关重要的元素，即所谓的护卫灵（*ka*）、身魂（*ba*）和善魂（*akh*），这些是每个人存在的基本要素，不论是生前还是死后。名字和影子不仅是语言和自然现象，还是有生命的实体，它们对于人类的存在起着关键作用。所有这些元素的集合构成了人的本质，缺一不可。

之前在谈奥赛里斯崇拜时，我们讨论过肢解（和重组）这个主题，而意识到个人是各种身份的复合体将我们再次带回该主题。在埃及人的死亡观中，此类主题表现得非常突出，其原因之一就是：要确保一个人能够享受来生，就要进行精密的分解和组合。所有这些单独的元素（身体、护卫灵、身魂、善魂、影子和名字）都必须保存起来，以免受到伤害。实现这个目的最初级方法就是在尸体下葬时放入一整套墓葬用品。最考究的是王室的葬礼，除了几座神庙之外，还配有祭司，同时还有不间断的祭品，其资金通常来自作为贡品的农田以及其他经济渠道。现存的墓葬文献（《金字塔铭文》、《石棺铭文》及各种各样的《亡灵书》）之间差异很大，它们对来生的描述往往互相冲突，按照某些描述，人们死后会化为拱极星，而根据另一些描述，人们会在冥界延续着今生的正常生活，这里的冥界有时被形容为一片芦苇地。

古代、现代，以及后现代的木乃伊

直到最近，人们一直以为最早的人工制作的木乃伊

（与在沙漠中自然风干的尸体相对）发现于早王朝时期的阿拜多斯、萨卡拉和塔罕的墓群中，但 1997 年，一个英美埃及学家联合考古队在赫拉康波里斯发掘某个前王朝时期的平民墓群时，发现了 3 座完好无损的墓，墓中有几具女尸，其头颈和手部都缠有亚麻布，每个尸体外也裹有亚麻布和席子。墓中随葬品的年代大约在公元前 3600 年（涅伽达文化二期的早期）。仅仅用绷带缠绕尸体的某个部分是否算是制作木乃伊，学者们对此各持己见，但这个发现将人工制作木乃伊的时间提前到了一个比预想早得多的时期。有趣的是，其中一个女人在死后被割断了喉咙，这意味着早在那个时期，人们可能就已经在有意识地上演肢解和重组奥赛里斯的身体的仪式。然而，故事到这里还没结束——澳大利亚埃及学家贾纳・琼斯在著作中证明，木乃伊制作技术的应用可能始于巴达里文化时期（约公元前 4500—前 4100）。她考察了巴达里和摩斯塔格达地区新石器时代墓群中完全变干的厚厚的裹布，结果显示尸体外裹着浸透了树胶的绷带，其制作方法与在赫拉康波里斯的发现类似。因此，我们有证据证明，早在第 1 王朝前就已经有了制作木乃伊的实验，其历史至少有 1,000 年左右，但正如琼斯所说：

> 最初的裹尸行为是有意识的人工保存尸体的方法，还是只是丧葬仪式的另一个方面，我们还无法确定。

埃及人最初制作木乃伊似乎只是为了保存尸体的外观，因此，一些公元前3千纪左右的木乃伊就只在尸体外涂了石膏和颜料，以保护尸体外壳，却任内脏渐渐腐烂。随着技术日渐成熟，越来越多的肢体得以保存下来，在新王国晚期和第三中间期（约公元前1200—前900），这项技术最终达到顶峰。公元前5世纪中期左右，希罗多德详细记述了木乃伊的制作过程，而此时这项技术实际上已经开始衰退，部分原因可能是出于迎合“大批量生产”的需要，因为制作木乃伊的习俗已经广泛传播开来。

通过制作木乃伊来保存尸体是古埃及丧葬习俗的基础，因为护卫灵，或者魂魄——必须返回身体才能得以维持。如果身体破损或无法辨认，护卫灵将无以为生，去往来世的机会也就减少了。

在阅读丹尼斯·惠特利1956年出版的小说《吉福

德·希拉里的护卫灵》时，我第一次遇到了古埃及的“护卫灵”的概念。这本书不断吸引着我走向埃及学。我现在知道小说中所描写的鬼一样的现象（就像20世纪80年代的电影《鬼魂》的主角一样，四处游荡，成功地干掉了谋杀自己的人）更像是身魂而不是护卫灵，但考虑到现代书籍和电影对埃及学造成的破坏，挑剔丹尼斯·惠特利似乎就显得有点吹毛求疵了，因为他至少还作过一点研究。密尔沃基公共博物馆古代历史馆馆长卡特·勒普顿指出，“大部分外行人对埃及的‘熟悉感’都源自畅销小说和电影，而这些小说和电影与正统的埃及学的诠释常常是不一致的。”当然，如果说电影《木乃伊》（1998）是“研究性的”，那就严重扭曲了这个词的含义。

长久以来，木乃伊（和他们的重生）一直是文学作品和电影的题材，其悠久历史至少可以追溯到1827年。那一年，简·韦布·劳登出版了《木乃伊——22世纪的传说》一书，书中讲述了大金字塔的建造者胡夫的木乃伊复活的故事。这本书实质上和较早的玛丽·雪莱的《弗兰肯斯坦》属于同一体裁。之后有很多作家在木乃伊体裁的创作中独领风骚，其中包括：泰奥菲勒·戈蒂埃（《木乃伊之足》，1840）、埃德加·爱伦·坡（《与一具木乃伊的谈话》，1845）、H.H. 赖德·哈格德（《她》，1887；《史密斯和法老们》，1912—1913）、亚瑟·柯南·道尔爵士（《图特之戒》，1890；《第 249 号签》，1892）、布拉姆·斯托克（《七星珠宝》，1903）以及萨克斯·罗默（《她，睡着的人》，1928，及许多其他作品）。N. 戴利曾提出一个非常有趣的理论，他认为是大英帝国的变化性造成了维多利亚和爱德华七世时期木乃伊故事的泛滥，木乃伊无形中反映了帝国创建者们追求危险刺激的异国资源的心态。

表现木乃伊的重生及复仇的最早的影片也许是由乔治·梅里爱制作的无声电影《克里奥帕托拉》，片长只有 1 分钟，然而，有关这一题材的最著名的故事片则是拍摄于 1932 年的《木乃伊》，由鲍里斯·卡洛夫饰演伊蒙荷太普。在剧中，考古学家们在朗读“图特的卷轴”时，伊蒙荷太普的身体复活了。该情节实际上取材于古埃及很少见的一个关于尸体复活的传说，即塞特内·哈姆瓦塞特的轮回，它记载于罗马时期的一篇世俗体铭文中。这部电影似乎主要改编自尼娜·威尔科克斯·帕特南的《卡里奥斯特洛》，也有可能受到了赖德·哈格德的《她》（其电影剧本出自《木乃伊》的作者约翰·鲍德尔斯顿之手）以及柯南·道尔的《图特之戒》的影响。自20世纪30年代起，大量木乃伊题材的电影涌上银幕，事实上，它们已经足以被单列为一类电影题材。

诅咒……

谈到木乃伊，我们就不能忽视这样一个现象：在文学作品和电影中，尤其是20世纪的文学和电影，木乃伊总是和致命的诅咒相联系，被诅咒的对象则通常是打扰死者安息的考古学家。这种说法究竟始于何处？更重要的是，它是真实的吗？对第二个问题的回答是：如果这些诅咒的确存在的话，我和我的几个埃及学家同事肯定早就被毒蚊叮咬并感染致死了，就像卡纳冯伯爵在图坦卡蒙墓打开不久后就死去了一样。至于这种传说始于何处，可以肯定的是，为了使墓室免遭毁坏或轻慢，古埃及墓室铭文中有一些威胁的话语，这些话成为了这类诅咒的早期证据。然而，宣扬这种诅咒会成为现实的始作俑者是埃及学家亚瑟·韦戈尔。在搬移图坦卡蒙墓随葬品的最初几个星期，他作为《每日邮报》的记者报道了这一过程。也许是韦戈尔觉得这项发现本身并不够刺激，他突然想到了用诅咒来给自己的文章添油加醋（虽然他声明自己并不相信）。第一个把木乃伊诅咒写入小说的作家可能是《小妇人》的作者路易莎·梅·奥尔科特。1869 年，她发表了一篇名为《迷失金字塔或木乃伊的诅咒》的小说，韦戈尔正是借鉴了 50 多年前的这一木乃伊诅咒题材的小说。

第八章

宗教：古埃及众神和神庙

纳尔迈调色板正反两面的上部各有一对母牛头，弯曲的牛角十分巨大，这是早期的母牛神芭特画像的一部分。芭特是上埃及第 7 个州的守护神。到了中王国时期，对她的崇拜逐渐被另一个更为著名的母牛神哈托尔所取代，这在一定程度上导致了芭特的鲜为人知。哈托尔的形象通常是一头母牛或是一个有着母牛头的女子，而芭特则不同，她的形象（很少出现在古埃及艺术作品中）通常被描绘成叉铃（一种类似拨浪鼓的乐器，专由女子演奏）的样子。在纳尔迈调色板中看不到芭特的身体，但据金字塔铭文的描述，芭特“生有两面”，也许正因如此，调色板正反两面都有她的形象。由于某些神更受当时国王的青睐，或对某些神的崇拜传播得更为广泛，它们逐渐取代了对那些次要的神的崇拜，这种现象贯穿着整个埃及宗教史。

正如在古埃及宗教研究方面最具影响力的学者之一埃里克·霍尔农所指出的那样，“古埃及神的特性和表现形式总是在不断变化，在这一点上，古埃及神与这个国家的神庙很类似，这些神庙总是‘正在建设’，从来没有完工的时候。”霍尔农还认为，在法老埃及的大部分时间内，在埃及宗教多神崇拜的表象下很可能潜藏着某种形式的一神论。论据之一就是创世神似乎超越并包含了众多的埃及神；另一个论据则是我们需要用相对论的观点来看待宗教：

多神崇拜的时代已经过去；再没有人会向阿蒙神或宙斯献上一头公牛。但是，目前的一神崇拜的时代也未必是定局。这两个时代都与人类意识的发展阶段相对应，所以无法用“对”或“错”的标准来评判它们。

谈到埃及学家对古埃及宗教的看法，首先应该谈的就是芭特女神的母牛头，因为说起埃及宗教，我们最先想到的往往是兽首人身或鸟首人身的神的形象。同样值得注意的是，这些半人半兽形象的神似乎至少与某些埃及人之间有直接的互动。布鲁斯·特里杰在他的《早期文明：古埃及》一书中指出，我们和古埃及人的世界观的一个最大区别在于，我们对自然界和超自然界作出了明确的区分（这是我们继承的希腊哲学思想的一部分），而古埃及人则认为人和神在同一个社会和自然层面中相互影响。

如果说古埃及文化整体上常常难以理解的话，那么埃及宗教便是埃及学家处理的最棘手的问题之一。大量现存的埃及艺术都与宗教相关，对它们进行描述和分类要比进行有效的分析和诠释容易得多。对于以下几个问题，埃及学家就很难给出有效的回答：古埃及人真的认为那些形象是半人半兽的神——从貌似可信的鹰头人身的荷鲁斯，到（在我们看来）难以置信的蜣螂头人身的太阳神赫派瑞——存在于“真实世界”中吗？或者他们创造出的这些形象只是用来象征和暗指众神的特征或个性？当我们看到豺首人身的阿努庇斯正在往死者身体上涂油时，我们应该相信这位冥界之神确实负责制作所有的木乃伊吗？还是我们所看到的不过是一个负责涂油的祭司，他戴着阿努庇斯的面具来模仿这位神（如果是这样的话，这位祭司是真的会被神话还是被看作在仪式中模仿阿努庇斯而已）？现

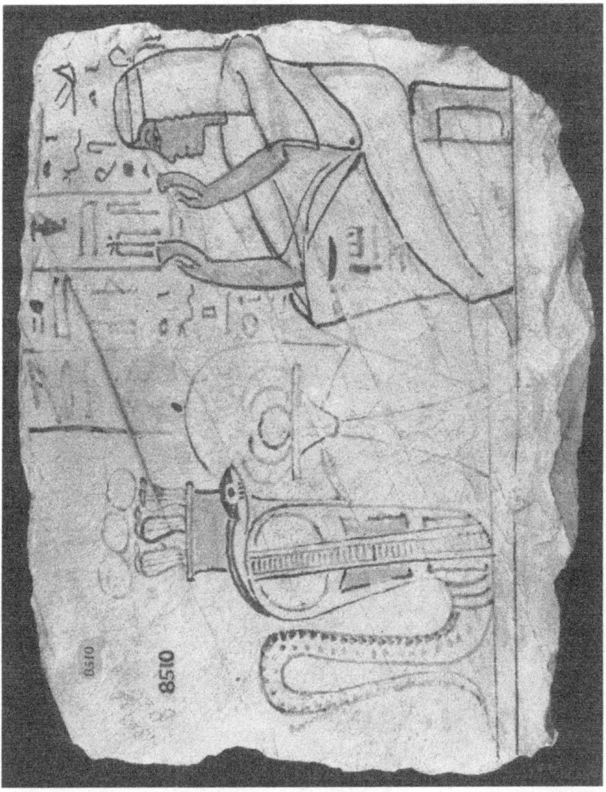

图 17 石灰石陶片，表现的是正在祭拜一个蛇形女神的赫努摩斯，第 19 王朝，约公元前 1200 年

图 18 前王朝时期的女性雕像，双臂上举，可能描绘的是一个早期的女神形象，约公元前 3500 年

存的文物中有一个与阿努庇斯的豺首一样大小的陶制面具（现存希尔德斯海姆的佩利察奥伊斯博物馆），但这并不能真正回答上述问题。埃及学家急于解决这些问题的部分原因可能在于：我们想要了解古埃及的思想体系是否与我们的有根本差别，或者这些差别是否只是表面上的，因为我们现在很难理解古埃及思想体系的表达方式。

多数学者在描写埃及宗教时，重点关注的是貌似宗教建筑的考古遗存，以及与神学思想有关的文献和图像。巴里·肯普指出，我们对埃及的“神庙宗教”的了解大多与大型国家神庙中的象征符号和宗教仪式有关，而对于这些建筑如何为人们所用——无论是祭司、书吏，还是普通人，我们则知之甚少。显然，普通民众几乎无法穿过神庙的外部庭院，只有在极少数的节日期间，当神像需要从一个神殿挪到另一个神殿时，普通民众才可能接触到这些神像。很多埃及学家由此断言，古埃及宗教建立在保密和揭秘的理念上，古埃及神话、仪式和庙宇建筑都支持并阐释了这两个理念。正是通过宗教仪式、节日庆典以及戏剧表演，神圣实体才能得以显现。宗教仪式和固定的节日庆典能够不断强化神话和现实之间的联系。因此，每个神庙都不只是某个或几个神的“住所”，同时还是举行仪式和庆祝活动的场地。从某种意义上讲，神庙只是使祭品和神像得以在各个神殿间转移、并将这些活动记录下来的场所。

宗教起源

在某个历史阶段，人们曾经认为古埃及宗教主要与法老时期的信仰和神庙有关，但现在人们越来越清楚地认识到，与其他埃及文化一样，埃及宗教还有一段重要的史前时期，要想正确解读后期的资料，先要把这一时期的历史记录下来并加以分析。例如，1992 年，在纳布塔普拉亚的新石器时代遗址（位于阿布辛贝尔神庙向西约 100 公里的西部沙漠地区）中发现了呈环形和线形排列的小型标石，这说明早在公元前 4000 年左右，就已经出现了有关天文现象（方位基点和夏至）的标石。在其中一排石头旁边发现了两个古坟，下面埋葬着长角公牛，再往前，在通向纳布塔普拉亚洼地的一条干河谷里，又发现了埋葬牛的墓地，上面覆盖着巨大的石块。这些发现清楚地表明，公元前 4 千纪左右，生活在埃及沙漠中的畜牧民族中已经出现了某种形式的母牛 / 公牛崇拜，这明显预示着后来芭特和哈托尔等母牛神的出现以及埃及国王与公牛之间的紧密联系。通过比较可以看出，史前时代早期和前王朝时期岩石雕刻中的女性形象与法老时期的一些图像之间有很强的连贯性，然而我们不能由此简单地认为，图形或艺术主题的相似就必然意味着背后的宗教信仰也存在某种深远的联系。

1985 年，考古学为研究埃及史前时期宗教发展的关键阶段提供了令人兴奋的突破点。在赫拉康波里斯前王朝时期的某段城镇遗址（位置是 HK29A）发现了一大片区域，这是一个早期的宗教综合建筑，其主要组成部分包括一个抛物面形的庭院、一个巨大的类似神像的东西、一个仪式用的塔门，以及 4 个插旗的大孔，这 4 个孔可能标志着某个纪念性的正门。这些遗迹的年代都在涅伽达文化二期到三期之间（约公元前 3500—前 3000）。与纳布塔普拉亚遗址类似，在这个可能是早期神庙的建筑区内也有大量动物祭品的痕迹。用动物献祭及堆积供品是早期埃及宗教的两个关键因素，后来成为埃及祭祀活动的主要特色。

很多埃及神庙墙上的铭文都列举了献给神殿的供品，并说明了供品的性质和数量。以拉美西斯三世的陵庙为例。该庙的墙上列出了71种供品，是现存新王国时期王室陵庙的供品清单中最长的一个。最常见的供品是面包（事实上，表示“供品”的象形文字就是一块放在盘子里的面包），清单显示每天要献上5,500多块面包和204罐啤酒。面包分为几类，常见的是圆形的培什（*pesen*）和圆锥形的比特（*bit*）。在麦迪纳特哈布城及其他宗教遗址中，发现了大量制作比特面包用的圆锥形模具的碎片，这与铭文上的记载正好对应，这种文献和考古资料相互印证的情况在埃及学研究中很少出现。这些比特面包似乎与宗教节日有更为密切的联系，而不仅是一种面包的标准样式。

如果敬献供品代表的是现代西方研究者“可接受的”埃及宗教的一方面，那么另一个在很多宗教崇拜中都很常见、而19世纪末20世纪初的埃及学家常常忽略（至少是掩盖）的一方面就是“男根崇拜”的倾向。男根崇拜指的是崇拜一些阴茎明显勃起的神（尤其是敏神和阿蒙神）。尽管埃及艺术羞于表现性行为，但却很坦然地表现勃起的阴茎，其原因非常简单：正如汤姆·黑尔所说，“从前王朝至罗马占领时期，对男根的赞美一直是古埃及宗教的焦点之一”。皮特里在科普特斯的敏神庙最早期的地层中发现了三个雕像（现存牛津的阿什姆林博物馆），它们是埃及历史上最古老的大型宗教雕像，其外形实际上就是勃起的巨大的阴茎，而且很可能是指敏神的阴茎，这些雕像的年代不晚于纳尔迈时期。对男根的赞美似乎与埃及人关注万物的创造（和生存）有直接关系，他们认为国王在其中起着至关重要的作用——这无疑也是为什么埃及这个国家要确保维持男根形象在众多崇拜中的重要性（例如在第七章中讨论过的奥赛里斯崇拜中的男根崇拜）。

古埃及的宗教和王权

在法老埃及时代的宗教文献中，国王占主导地位，这使得一些埃及学家认为：从某种意义上来说，埃及所有的宗教崇拜实质上都是为了将注意力引向王室成员。用来形容这一情况的最合适的词莫过于所谓的“供品惯用语”了，这个词在埃及很多宗教习俗中都很常见，它出现在供品清单的开头，由 *hetep di nesw*（“国王献上的供品”）这几个词构成。换句话说，任何个体祭拜和供奉神的行为都受制于该个体与国王之间的联系。鹰神荷鲁斯是纳尔迈调色板正面最为突出的形象之一，这表明这个被认为与荷鲁斯有关的国王在第 1 王朝时期的宗教仪式和祭祀中就已扮演着中心角色。

我们也可以认为，纳尔迈调色板的最终目的是为了阐释国王在向神献祭这一行为中的作用。献给神的祭品多种多样，既可以是水果，也可以是被杀死的敌人或战俘。调色板的装饰中有很多反复出现的图示：一是国王打击敌人；二是攻城略地；三是战俘被捆绑起来并斩首；四是向埃及众神献上战利品。这些行为共同表现出一个非常简单的主题，即埃及国王的任务就是代表众神去战斗，之后将带回来的战俘和战利品献给神庙中的众神。

宗教和意识形态

我们之前讨论了宗教仪式、神殿和神庙的出现及发展，同时，我们还有留存至今的关于埃及的意识形态及社会行为规范的记载，把这两者区分开来是很有必要的。早在古王国时期，墓室主人们似乎就感觉到有必要在墓碑上宣布他们正当地拥有那些能确保他们安享来生的纪念物，为此，他们会声称自己的墓是在新土地上建的，而且那些修墓人也拿到了报酬等等。然而，这些实用主义的陈述中逐渐开始附加了道德主张。在法老埃及时期，公认的社会行为准则及对错观似乎与墓葬信仰和宗教仪式需求紧密交织在一起。因此，丧葬文献中注定会蕴含着最早的埃及哲学理念和道德观念。最开始，这些内容表现为一些陈述性文字，与供品惯用语一同出现，通常写在所谓的“假门石碑”上，后来成为个人“自传”这种文献的组成部分。哈胡夫的自传（在阿斯旺）或安赫提菲的自传（在莫阿拉）就是典型的例子，在这些文献中，死者的功德被一一列出。只有少数几个人的传记在第一中间期时未遭损坏，安赫提菲的自传便是其中之一，他这样说道：

我是最诚实的人，在他人被迫沉默时，我能够直言不讳……整个上埃及都陷入饥荒，每个人都饿到了食其亲子的地步。但我不愿看到这个州内有任何一个人死于饥饿。我为上埃及筹借粮米，也把上埃及的粮食送给北部。我想，我之前的州长从未做过此类事情……

毫无疑问，安赫提菲渴望把他作为地方长官的成就与他的道德权威联系起来。这些丧葬文献主要是为了证明或维护其个人行为的道德性。

很多实用性的、陈述埃及伦理的文字都以“教谕”（*sebayt*）的形式保存了下来，这些文献主要写在纸草上，其年代从古王国时期一直延续到罗马埃及时期（约公元前2500—公元325）。最早的此类文献讲述的是一个人要具备何种品质才能在今生和来世的生活中都获得成功。人们应该迎合上意、扶贫济弱。现存最早的教谕（关于如何“真实地生活”的一系列格言警句）据说是第4王朝时期的贤人哈杰代夫所作（约公元前2525年），而另一个类似的文献则被归为普塔荷太普的作品，他是第5王朝的国王杰德卡拉·伊塞西的维西尔。这些教谕很可能并非出自这些传说中的作者之手，而且其中很多文献的创作年代都比其所宣称的年代要晚得多，包括传说中的哈杰代夫的作品。这些教谕在整个法老时代都非常流行，其中两篇还被认为是国王的作品，一篇是第一中间期（公元前2181—前2055）的《献给国王梅里卡拉的教谕》，另一篇是第12王朝初期（约公元前1950年）的《阿蒙涅姆赫特一世的教谕》。

然而，从公元前两千纪起，教谕中所描述的伦理规范不再以世俗生活为主，而是更倾向于以信仰的虔诚而非物质上的成功来衡量人们的德行。现存希腊－罗马时期的两个最重要的教谕是《安赫塞尚克的话》（大英博物馆，EA 10508）和记载在英辛格纸草上的格言（瑞克斯博物馆，莱顿），这两份教谕都是用世俗体象形文字写成的，与法老时代的教谕相比，其格言更为短小精悍。

埃及人的伦理观念及宗教思想的中心是玛奥特（常被译为“真理”或“和谐”）这一概念，它回归到了创世之初的那种安静宁和的状态。当埃里克·霍尔农（在其著作《偶像背后的思想》一书中）论证研究古埃及思想和理念模式的必要性时，他提出古埃及是最早试图回答一些永恒性问题的几个文明之一：

古埃及人与苏美尔人共同为我们留下了最早的——但绝不是原始的——有关人类思想的证据……早在公元前三千

纪，古埃及人就在思考以下问题：生和死、死亡的意义、宇宙和人类的本质、时间的本质、人类社会的基础以及权力的合法化，这些问题成为了后期欧洲哲学所关注的问题，其中一些甚至至今仍未得到解答。

第九章

埃及热：再用埃及象征重构埃及形象

最初，纳尔迈调色板被认为是一种历史记录，它记载了对利比亚人或下埃及人进行的多次军事征服，这些军事征服促成了埃及的首次统一（见第三章）。然而，近来有观点认为，调色板上的浮雕装饰所表现的只是它被献给神庙那一年所举行的（很可能与王权有关的）一系列仪式。埃及学家通过各种方法对纳尔迈调色板（还有其他同时期的文物）的很多其他方面进行了解读。这些解读清楚地表明了埃及学家分析和诠释手中原始材料的方式。埃及学家所塑造的过去的形象无形中反映了他们自己那个年代的社会或政治背景。

毫无疑问，现代埃及学已经迅速发展成为一门学科，并轻松进入了各文化领域，从现代艺术、音乐到玫瑰十字会[1]、

1 始于17到18世纪的秘密会社，自称有古传秘术。

烟草广告和“黑人意识”团体，其中一些领域可能是我们从未想到过的。那些曾经专属于考古学家、语言学家和以迪奥普和伯纳尔为代表的少数非洲中心论者的东西，如今却成为了更为普及的主流文化产品，例如，在一份关于黑人文化遗产的可购买的商品清单中，近期的一张嘻哈唱片榜上有名，唱片中有一首名为《尼弗尔提提墓和克里奥帕特拉》的歌曲（很不幸，尼弗尔提提无福成为黑人，她无疑是白种人，克里奥帕特拉很可能也是如此，关于这些我会在下文详细讨论）。

埃及学，至少是古埃及本身，正朝着众多不同的方向迅猛发展。我们现在无法预测哪些研究方向最终会硕果累累，让人为之一振，哪些会问题百出。然而，有一点不容忽视，埃及再不只是一个不起眼的学术研究对象，它已经活跃在公众领域。不管结果是好是坏，除了我们所认为的“真实的”埃及之外，还有许多“另类的”[1]埃及。很多人参与到了针对不同人群、出于不同意图的重塑埃及的过程中，其中包括记者、艺术家、电影制片人、音乐家、广告

1 “另类的”意为“存在于传统或现存体制系统以外的”。

制作人、“金字塔迷”[1]，甚至偶尔还有大学讲师和博物馆馆长。在对古埃及资源进行再利用和开发的过程中，不同年龄、不同群体的人们往往对文化和历史有不同的偏好。因此，现代人对古埃及的非埃及学的看法是一盘大杂烩，既有关于木乃伊的廉价惊悚小说、好莱坞史诗巨片、新世纪的伪科学的巨大发现、滥俗的旅游纪念品，也有少数永恒的图像——面部肖像及手工艺品，观察者的一时兴起，使它们从最初的古代背景中剥离出来，在后现代的真空中漂浮。在最后这章，我会对埃及热这种现象进行分析，说明古埃及这艘沉船的残骸为何会在21世纪初期被冲上岸，并最终意外地大量堆积，零星地散落在现代文化的各个角落。

埃及学中的解释：以金字塔学为例

近年来，在解读方面争论最激烈的话题之一就是：金字塔为何是现在这种形状，该形状表明了怎样的建筑目的。实际上，这种“金字塔学”已成为一门独立学科，其

1 原文是“pyramidiots”，是指那些用奇异的或牵强的理论解释埃及金字塔的起源、特质和建造目的的人。

关注的焦点不仅是金字塔的形状，还有它们的精确尺寸、空间位置以及墓室内部布局的细节。众所周知，埃及学历史上解释金字塔的理论大多漫无边际、毫无逻辑可言，这是因为金字塔似乎能对某些研究者的思维能力施以某种为人所熟知的影响。根据研究者在不同时间点所选择的不同解释，我们在对研究问题有所了解的同时，也可以发现研究者本人的一些信息。

在建造高大纪念物时，金字塔形在建筑学上是一种最优结构，这样既能最有效地利用建筑材料，又能最大限度地保证其稳定性。这种常识性的解释是一个有效的出发点。然而，对于很多人来说，这一解释有很大的缺陷，因为它忽略了两点：（1）外星人移居地球；（2）古埃及文明形成之前就已存在的一个繁荣了数千年之久的未知文明。也曾有人郑重其事地向我提出，金字塔并非建造出来的，而是在周围所有的石头都被凿去后形成的——这种说法并没有真正解释金字塔的形状，但它却很好地说明了人们对破解金字塔之谜的无限渴求，这些解释多半基于想象而非逻辑。

根据一个流传已久的传说，金字塔和《圣经》中约

图19 1886年爱德华·纳维尔教授在指挥太尔巴斯塔地区的发掘工作，目的是寻找关于《圣经》的考古证据

瑟的故事有关——早在公元5世纪时，罗马作家尤利乌斯·霍诺留斯就曾猜测金字塔是约瑟的谷仓。1859年，约翰·泰勒提出一种理论，认为大金字塔是由外族入侵者在上帝的指引下建造的。中世纪的阿拉伯作家认为金字塔是诺亚洪水期间建造的，目的是为了收藏埃及人所有的智慧和科学知识。所有这些设想都有一个共同点，即金字塔与埃及在《圣经》中所扮演的角色有某种联系，这是由于早期学者对埃及的研究大都出于神学的目的。到19世纪晚期，很多去往埃及的考古探险队的关注点都发生了转移，从寻宝转向了证实《圣经》所记载内容的真实性。尼罗河三角洲地区发掘促进协会（埃及考察学会的前身，由英国的埃及学爱好者及学者组成）明确致力于在三角洲地区搜集"关于《圣经》中一段空缺的历史的资料"，正因如此，最初由弗林德斯·皮特里和爱德华·纳维尔代表埃及考察学会进行的遗址发掘工作都是在三角洲地区的城市进行的，这些城市包括塔尼斯城、布巴斯提斯城、诺克拉提斯城、纳贝沙城和德芬纳城。在现代埃及学家看来，关注《圣经》和三角洲地区的联系有一个意外收获——由于三角洲地区遗址的恶化程度比南部地区更严重，因此，这些痴迷于《圣经》考古的19世纪考古学家让我们了解到了很多古城中的纪念物，而这些城市经过20世纪时三角洲地区的农业和城市扩张已经消失殆尽了。

我们回到关于金字塔的争论。关于金字塔的形状和建造目的，最近有观点认为金字塔和天文学之间存在毋庸置疑的联系。长久以来，一直有人认为大金字塔上所谓的“通风孔”有某种天文学功能，因为它们的排列明显与几个恒星的排列一致，其中就包括猎户星座（埃及神Sah），这个星座是国王的身魂升上天空，在拱极星中就位时的预想归宿。最近，剑桥大学的一位埃及学家凯特·斯彭斯提出，金字塔的设计师肯定是通过瞄准两颗围绕北极旋转的恒星（小熊星座的b星和大熊星座的z星）来使金字塔的四边与方位基点保持一致。她指出，在公元前2467年，也就是胡夫金字塔（即大金字塔）建成的那一年，这两颗恒星的排列应该是正好对应着正北方。胡夫金字塔之前和之后的金字塔的方位都有偏差，而这些偏差与上文提到的那两颗恒星偏离正北方的程度紧密相关，这恰好证实了她的假设。

一些畅销书曾特别讨论过所谓的“猎户星之谜”，这种说法认为吉萨地区的 3 座金字塔象征着公元前 10, 500 年左右的 3 颗恒星，这 3 颗星构成了猎户星的腰带部分。金字塔的设计中确实存在天文学的因素，而这些畅销书往往只关注天文学因素，作者在书中加入了对外星人参与金字塔建造的猜测（这很容易让我们联想起一些现代流行文化的理念，如 1995 年上映的电影《星际之门》中所表现出的那些观念）。尽管自埃里克·冯达尼肯之后，只有少数作者明确在发表物中提出某些文物可能是外星人建造的，但罗伯特·博瓦尔和格雷厄姆·汉考克等研究者对金字塔中的天文因素的研究至少暗示了有某种“外来因素”参与建造了金字塔。

苏格兰皇家天文学家、爱丁堡大学天文学教授查尔斯·皮亚齐·史密斯是维多利亚时代一位伟大的埃及学爱好者，他成功地在金字塔研究中结合了《圣经》和天文学的研究方法。他深受上文提到的约翰·泰勒的影响（后者认为金字塔的各项尺寸与整个世界是成比例的），1865 年，皮亚齐·史密斯勘探了吉萨地区，他声称以“金字塔英寸”为单位建造的金字塔的数值和地球周长有关，根据泰勒的解释，埃及人已经能够根据他们所掌握的圆周率知识计算出地球的周长。于是，皮亚齐·史密斯在他的三卷本《大金字塔下的工作与生活》（1867 年出版）一书中写到，诺亚方舟和摩西神龛的建造者使用的度量单位也是金字塔英寸。金字塔英寸事实上很简单，它和英制英寸完全一样，所以我们只要稍加推测就可得出结论，即英国人本是以色列某个消失了的部落，这种推测巧妙地为皮亚齐·史密斯的金字塔研究增添了强烈的维多利亚时期帝国主义的色彩。

大多数埃及学家认为，金字塔之所以采用现在的建筑外形，其原因应该与他们的宗教和墓葬信仰有关，这些信仰在他们的文献和视觉图像中都有体现。一种可能性是梯形金字塔和真正的金字塔都代表了那些最初堆在坑墓上的原始沙堆，另一种可能则与创世活动中的原始土堆有关。《金字塔铭文》（自第 5 王朝后期起写在金字塔内墙上的文字）中的某些段落证实了对梯形金字塔（早期金字塔的形式，位于萨卡拉的第 3 王朝国王乔塞尔的金字塔就是典型的梯形金字塔）的解释，从字面意义来看，金字塔是使国王升上天空、在群星中就位的阶梯。《金字塔铭文》中还提到了国王脚踩着阳光以到达天堂的情景，因此，真正的金字塔可能象征着从天上撒落到地面的阳光。

上述看法都属于我们所了解的理性主义模式，通过这种模式，埃及学家利用古代资料来探索古埃及人自己对金字塔的看法。巴里·肯普总结道，当埃及学家试图重构古埃及人对金字塔等文化现象的思维模式时，他们“创造性地”运用了自己的知识，这种创造性可能连他们自己也意识不到：

我们可以重新思考古代的逻辑。但有趣的是，这种做法也暗藏玄机，因为我们很难知道何时该停下来……即使我们的一系列学术猜想既忠实于古代思想，又充分利用了现有史料，我们最终还是无从得知古人是否真的这样想过。一些关于古埃及宗教的现代书籍和学术文章对古埃及人的思想添油加醋，这些添加的成分很可能与用西方现代术语所作的诠释一样多。

捷克考古学家米罗斯拉夫·维尔纳这样评价金字塔学问题：

人们总是会有梦想，因此总有一些人痴迷于某些神秘事物，而另一些人则投身于科学探索。两种人都会沿着各自的道路走下去，但他们的道路永远也不会相交。

阿玛尔纳问题

作为一本综述性的埃及学读物，在临近结尾的时候竟然还未曾详细讨论过埃赫纳吞、尼弗尔提提或克里奥帕特拉，这也算得上是破纪录了（而且非常不合情理）。这 3 个人无疑是古埃及最受欢迎的一些形象（第四位最受欢迎的当然是图坦卡蒙）。这些古代人物对很多现代埃及学爱好者来说是最具吸引力的，除此之外，埃及学成为了 21 世纪流行文化中充满活力的一部分，在此转变过程中，这些人物也走在前端。因此，通过观察现代人利用这些形象的方式，我们可以大概了解到埃及是如何进入大众传媒的。

按照时间顺序，我们首先应该讨论埃赫纳吞和尼弗尔提提。毫无疑问，埃赫纳吞统治期，即公元前 14 世纪中期，是新王国时期（公元前 1550—前 1069）——如果不是整个法老时期——宗教和艺术发展史上最不同寻常的阶段。在埃赫纳吞的统治初期，他逐渐显露出对阿吞（字面意义为“日轮”）崇拜的痴迷。与传统的埃及众神相比，阿吞是相当抽象的神。埃赫纳吞在很多地方为阿吞修建了宗教纪念物，但这些纪念物主要集中在卡纳克东部和埃赫塔吞（“太阳升起的地方”），后者是他在一片据称是处女地的土地上建造的新都城，该城位于中部埃及，现在被称作阿玛尔纳。埃赫纳吞及其后继者的短暂统治时期正是以“阿玛尔纳”命名的。埃赫纳吞去世后不久，他本人和他的所作所为就遭到了谴责，所有他的纪念物几乎全被拆除，那些保留下来的纪念物上也不再有他的名字。因此，直到有了 19 世纪考古学家的发现，阿玛尔纳时期的历史才得以在众多的残片的基础上被重构。

正如埃里克·霍尔农所说：

埃赫纳吞被遗忘了如此之久，现在他作为伟大的宗教创始人之一出现在我们面前，也是我们能够了解的第一个（古埃及）人。不管是“英雄”还是“异端”，有一点是明确的——他不仅属于古埃及，也属于整个人类历史。

回顾20世纪早期以来人们对埃赫纳吞的看法，我们会有一些有趣的发现。他起初声誉卓著，亚瑟·韦戈尔的帝王“传记”将他刻画成了一个宗教创始人，认为他所创立的“宗教如此纯粹，以至于人们只有把它与基督教相比时才能发现它的缺点”，而托马斯·曼则把他作为自己的爱情小说《约瑟》的主角。然而，到了20世纪50年代，埃伯哈德·奥托将他描述成一个自私、丑陋、暴虐的人；到20世纪80年代，唐纳德·雷德福则提出“埃赫纳吞的破坏居多，创造极少……无论他曾经是什么，他都绝非是一个聪明绝顶的人”。

埃赫纳吞在现代备受瞩目的原因主要在于他统治期间的很多艺术品看起来都非比寻常、令人惊叹，而并非出于对他的神庙建筑或他反对偶像崇拜的宗教理念（虽然这些对玫瑰十字会等一些更为近代的信仰和哲学产生了重要影响）的详细了解。这位国王并没有被描绘为一个理想的身材健美的年轻男子形象（据王室首席雕塑师巴克所说，这种艺术风格是经过国王本人首肯的），而是被描绘为长脸、下巴凸起、厚嘴唇、大肚子的形象，并且有着女性的胸部和臃肿的大腿。在其他时期，王室成员和国王身边的高级官员也被塑造成了类似的形象，从而使所有阿玛尔纳时期的艺术作品，包括人物形象，都非常容易识别。此外，由于这种夸张的风格相对容易模仿（也很受古董买家的欢迎），所以出现了大量阿玛尔纳时期雕像的仿造品和赝品。例如在曼苏尔的私人古董收藏中，大批阿玛尔纳时期藏品的真实性就遭到了严重质疑。还有观点认为，阿玛尔纳的艺术作品体现了更为强烈的自由感和创造性，然而，这种感觉的产生无疑有一部分源自宗教主题事物的变化，同时也因为大批保留下来的绘画都是在民房和宫殿里而不是神庙和陵墓中发现的。

阿玛尔纳“肖像”中的艺术变形是埃赫纳吞外貌的再现吗（如果是的话则说明他患有某种疾病）？还是这种雌雄同体的外貌特征更多的是一种象征，意在体现男女两性的繁殖力？这些问题我们尚不清楚。例如，一些埃及学家认为，阿玛尔纳风格的人物形象兼具两性特征，这可能是对掌管尼罗河泛滥的哈皮神的模仿，哈皮神的身体就体现了男女两性的繁殖力。

专门从医学角度对埃赫纳吞的外貌特征进行解读的尝试始于无处不在的格拉夫顿·埃利奥特·史密斯爵士，他认为这位国王可能患有弗勒赫利希综合征，这种内分泌失调症会引发相似的症状。该说法的缺陷在于：弗勒赫利希综合征的患者不仅会智力受损，而且无法生育，而这两点都不符合埃赫纳吞的情况——他与尼弗尔提提至少生有6个女儿（另外还有两个可能是这位国王与自己女儿乱伦的结果）。对埃赫纳吞外貌特征的另一个解释是他可能患有马凡氏综合征，这一观点是由加拿大的阿尔文·伯里奇率先提出的。这种病症（某个变态基因导致的严重紊乱）很符合埃赫纳吞的情况，其症状包括鸡胸、宽骨盆、长头骨、蜘蛛指、长脸和突出的下巴。此外，还有一点也很符合，即患者和他们的子女都极易猝死（由于心血管系统很脆弱）。可能的症状还包括失明，埃赫纳吞对日轮的沉迷也许就与此有关，因为那或许是他唯一能够看见的东西。然而，仍有很多埃及学家认为，这种身体和医学分析理论对艺术形象的理解太过表面化。阿玛尔纳王室成员的奇特形象更有可能是一种象征和隐喻。有关埃赫纳吞外貌的现存资料表明，在他在位早期（即在他全面推行阿吞主义、并将自己的名字从阿蒙荷太普改为埃赫纳吞之前），他的形象更像他的父亲，有着标准的完美的外貌特征。这说明我们所见到的可能是一种艺术风格，而并非真实的身体状况。

上述因素使得现代研究者被埃赫纳吞、他的妻子尼弗尔提提以及他们统治的整个阿玛尔纳时代所深深吸引。这个时代有许多“谜团”，也有诸多引人深思的话题不断出现，例如，为何在埃赫纳吞统治结束之前，尼弗尔提提就从记载中消失了？她有没有可能改头换面、成为了貌似男性的统治者塞门卡拉——那位在阿玛尔纳末期与埃赫纳吞共同统治了很短一段时期的国王？还有很多其他热门话题，其中之一就是阿玛尔纳王室所有成员尸体的下落：他们最初被埋于何地？现又位于何处？还有一连串针对埃赫纳吞的思想和性格的问题：他是个虔诚的一神论者吗？他是否预见（甚至促成）了犹太信仰的出现？他是几乎摧毁了埃及经济的不可理喻的暴君吗（抑或是兼而有之！）？

直到 19 世纪，埃及学家才开始全面认识埃赫纳吞和阿玛尔纳时期，但正如约翰·雷那略带挖苦的评论，现在正是埃赫纳吞走向前台的最佳时机：

20世纪就像是为他而设：他可以被看作是一个因同僵化的权势集团对抗而备受折磨的天才、一个深情的丈夫和父亲、一个杰出的空想家和艺术家、一个相信所有人类皆为手足的和平主义者、一个宗教象征主义大师。

阿玛尔纳时代的某些方面令人可望不可即，例如，我们有大量关于这段历史的艺术品、纪念物和文献资料，但要再现这段埃及历史上非同寻常却相对短暂的时代的全貌，我们似乎还是缺乏证据。正如英国埃及学家尼古拉斯·里夫斯所说，“研究阿玛尔纳的真正问题并不在于缺少足够证据，而在于有太多的猜测被误认为事实”。

既然里夫斯如此评价，出现众多对阿玛尔纳时期虚构性的改写作品也许就合情合理了。这些改写包括阿加沙·克里斯蒂创作的诺埃尔－考沃德式的戏剧（《埃赫纳吞》），剧中一个角色这样说道：“埃赫纳吞和我永远合不来。我觉得他毫无幽默感，而且过于虔诚。”另外一个则是菲利普·格拉斯创作的阿玛尔纳歌剧——1984年首演的《埃赫纳吞》。他在剧中采用了不受西方影响的极简抽象派音乐风格，配合含有古埃及语、阿卡得语和希伯来语的歌词，营造出埃赫纳吞和尼弗尔提提这两个悲剧人物之间催人泪下的场面，二人的灵魂最终在荒凉的阿玛尔纳城的废墟间游荡。这类创作还包括电影《埃及人》，这是涉及古埃及题材的最著名的好莱坞电影之一。它拍摄于1954年，由米歇尔·柯提兹执导，以米卡·沃尔特瑞的小说为原型。故事以埃赫纳吞的宫廷为背景，由维克多·马休饰演主角荷伦布。上述对阿玛尔纳的演绎都像电影《埃及人》一样别具一格，但它们有一个共同之处，那就是都倾向于将埃赫纳吞表现为一个革命空想家。

在所有对阿玛尔纳时代的评价中，最恰当的就是玛格丽特·默里在1949年发表的评论（具有讽刺意味的是，早在“埃赫纳吞产业”加速发展之前就出现了这一评论）：

关于太尔阿玛尔纳时代的无稽之谈可能比埃及历史上的任何时期都要多……以埃赫纳吞为例，对他的解释常常与事实不符。

偶像与妖姬：埃及女性的命运

上述讨论似乎还远远不够，阿玛尔纳时期还有一个特殊的艺术象征，在某种程度上，它既有玛丽莲·梦露般的性感，又像埃尔金石雕一样饱受争议[1]，可能还带有一丝种族主义和法西斯主义的意味，这就是尼弗尔提提的胸像。

1912 年，德国发掘者路德维格·博查特在雕塑家图特摩斯的作坊里发现了这座著名的尼弗尔提提石灰石彩绘胸像，图特摩斯的别墅是阿玛尔纳城南部占地最广的别墅之一。这座雕像可能只是雕塑家的一个模型，而不是一件完整的作品。它高约 50 厘米，保存得极为完好，唯一的瑕疵是右眼缺失（虽然这丝毫不影响它的整体美感）。这座胸像最终被柏林博物馆收藏，但收藏的过程却引发了一场持续至今的激烈争论。尼古拉斯·里夫斯这样说道：

1　即埃尔金大理石雕刻群，现藏大英博物馆，原是希腊雅典卫城巴特农神庙山墙上的一批浮雕像。多年来，希腊一直试图让英国归还这件国宝。这件珍品的归属问题一直备受关注，不断引发争论。

图 20 王后尼弗尔提提的胸像，约公元前 1350 年

胸像被发现后仅一个月，通过分赃，它被移交给德国考古发掘活动的赞助人詹姆斯·西蒙博士。1920年，西蒙将他的收藏品作为礼物正式献给了普鲁士国；3年后，这位王后的雕像被公之于众，引起一片哗然——很快，埃及政府愤怒地指控说这座王后胸像是在非正规的情况下被运出埃及的。于是谴责之声不绝于耳，也曾有人试图提出方案来解决这一不快局面，但都于事无补……

如果说这座胸像到达欧洲时惹来了一片争议，那么情况在20世纪30年代只会变得更糟，因为阿道夫·希特勒宣称，这是他最喜爱的埃及艺术作品，因此要把它留在德国。

此事与希特勒的联系也许并非偶然，因为有关这座胸像的争议点之一就是她有着鲜明的欧洲人而不是非洲人的面部特征。对于很多非洲中心主义者来说，它象征着埃及学界一种传统的看法，即古埃及文化不是非洲和黑人的文化。1996年，一场名为“非洲的埃及”的展览引发了颇多争议，乔治亚州立大学的教育学教授阿萨·希利亚德三世在展览的目录中提到：

这是具有首创性的展览之一，它精选出的展品表现了更典型的非洲人形象，而不是大部分欧洲人所希望看到的非典型的、有时甚至是具有异域特征的形象，如尼弗尔提提、谢赫艾尔比拉德或书吏卡伊。这些形象因缺乏明显特征而被看作“白人”。

这座雕像似乎属于阿玛尔纳时代后期的作品。那时，新的艺术风格已经确定，而且不再那么极端。一些欣赏者认为，从审美的角度来说，这座雕像是所有的艺术创作中最让人愉悦的女性面孔。哈罗米尔·马莱克曾试图分析这种情况背后的原因，他提出：

这件艺术品的魅力主要在于它那完美、几乎完全符合几何学原理的匀称的五官，这很符合现代人的审美观：以长而直的线条为主，最明显的就是那些从侧面看连接王冠正面和王后前额的线条，以及从正面看连接王冠侧面及王后脸颊的线条。

即使以阿赫荷太普一世与哈特谢普苏特等第18王朝的王室女性的标准来衡量，历史上真正的尼弗尔提提——埃赫纳吞的正妻——也拥有非同寻常的权力和影响力，这可能建立在她影响力非凡的婆婆（也可能是她的姑母）王后泰伊的成就上。卡米耶·帕利亚将尼弗尔提提描绘成了一个可怕的、麦克白妻子式的人物：

看到尼弗尔提提胸像的正常反应是恐惧。这位王后是一个机器人，一个人造品。她是新的戈尔贡头像[1]，一个“没有身体的恐怖的头颅”……艺术作品中的埃赫纳吞具有半女性化的特征，也许是由于先天的缺陷或疾病，他四肢纤瘦、腹部凸起。而这座雕像则表现了埃赫纳吞的半男性化的王后，她是一个有政治野心的妖妇。

1　指希腊神庙和装饰艺术中再现戈尔贡被割下的头的装饰像，上面刻有或绘有戈尔贡的脸孔；常常是舌头穿过尖牙，直吐于外，并有蛇在头上芜乱地凸现出来，经常摆设在门、墙、盾、护胸及墓碑之上，用以避邪，是一种驱邪护符。戈尔贡在希腊神话中是一伙长有尖牙，头生毒蛇的妖怪。

不论我们是否认同帕利亚过于个性化的描述，它都显示了这座胸像——乃至尼弗尔提提本人——那种可以激起人们强烈反应的持续不减的魅力。几乎没有哪个雕像会如此接近它所表现的人物，以至于评论家们如此热烈地讨论这座胸像，仿佛在某种意义上它就是尼弗尔提提本人。

这座雕像本身几乎被当作了一件神圣的遗物，这一点在 2003 年得到了证明。当时有两位艺术家（“小华沙”）造了一副身体来支撑这座胸像，使整座雕像得以“复原”并作为威尼斯双年展匈牙利展厅的一部分。虽然胸像最终未能获准与那副身体一同在威尼斯展出，但一张新奇的、能唤起人们无限遐想的照片却被拍了下来，照片中，古老的头像和崭新的身体合二为一，在柏林博物馆空空如也的展示柜前笔直地立着（仿佛尼弗尔提提穿越时空来拜访自己的胸像时却发现它不见了）。这是一幅具有强大艺术感染力的图像，但从博物馆学和埃及学角度来看，用这样轻浮的态度对待这件文物是不合适的，同时柏林埃及博物馆和开罗最高文物委员会之间的关系在某种程度上再度恶化——因为原本把头像和身体一起在威尼斯展出的计划被废弃了。“尼弗尔提提的身体”这个展品还附有一个小册子，其中有一些艺术家的评论：

很明显，埃及学家对尼弗尔提提的研究已经到了无以复加的程度：赋予她新生的唯一办法似乎就是将她移植到现代艺术的土壤中去。

他们还评论了种族之争：

这座雕像是欧洲文化史和雕塑的重要源泉之一，尽管它并非在欧洲创作的。她外来者的身份为这个复原计划赋予了新的意义：从它被发现并公之于众的那天起，这个有3,000年历史的美人模型就一直被欧洲人视为美的典范，虽然无论从文化还是历史上讲，这座雕像都不是欧洲的。

如果这段话暗示了尼弗尔提提在某种程度上是被欧洲化了的埃及形象，那么我们可以说，在克里奥帕特拉形象的塑造中也可以找到埃及和欧洲之间的这种联系。克里奥帕特拉七世菲拉帕托尔无疑是 7 个克里奥帕特拉中最著名的一个，她很早之前就已经成为放纵堕落的东方的象征和标志——虽然这可能是老生常谈——以至于她很难真正被人们所认识。在亚克兴之战以及她自杀后不久，贺拉斯和普罗佩提乌斯等罗马作家仍将她视为一个诡计多端、颓废堕落的角色，认为是她毁掉了马克·安东尼的声誉，使罗马帝国的稳定受到了威胁，然而一旦她死了，他们便对她多了些同情。贺拉斯在一篇颂诗中将她称作 *fatale monstrum*，其字面意义是"有致命威胁的怪物"，但也可以有某种更有趣的含义，即"命运送来的不可思议的人"，这表示他们越来越认识到克里奥帕特拉本人是一个迷人但命运悲惨的人物，而不只是一个代表懒散的东方人的符号。

即使没有克劳德特·科尔伯特、费雯·丽和伊丽莎白·泰勒扮演的克里奥帕特拉，在公众舆论中，克里奥帕特拉的美貌也足以与尼弗尔提提相媲美。但事实上，我们对她的外貌缺乏真正的了解。1969 年，安德烈·马尔洛克斯在一次讲演中这样评价："对于尼弗尔提提人们知道的更多的是她的样貌，而不是她作为王后的一面；而对于克里奥帕特拉，人们知道她作为女王的一面，却极少了解她的相貌。”人们越来越倾向于认为克里奥帕特拉的外表很可能更像希腊人，因为她的祖先是马其顿人/托勒密人，而且据说她曾经学过古埃及文，这意味着无论在种族还是文化上，她都更有可能是希腊人而不是埃及人。虽然薄伽丘说她“仅以美貌而闻名”，但根据当时钱币上她的肖像来看，她只能算是长相特别，而不能说美丽。在普鲁塔克看来，“她的美本身并不出众，也不会让人眼前一亮，但她的言语之间总有一种不可抗拒的魅力”。

如果才华横溢的谈吐是女王最优秀的特质的话，那么很遗憾的是，她的银幕形象中几乎没有几个表现出了幽默感。英国电影《艳后嬉春》(1964年)是以安东尼和克里奥帕特拉为题材的少数几部喜剧之一，剧中给人印象最深刻的也许是阿曼达·巴里塑造的邻家女孩式的克里奥帕特拉，以及肯尼斯·威廉斯对尤利乌斯·恺撒的独特的演绎方式(“恶名，恶名，他们都把它给了我！”)。

银幕中的克里奥帕特拉都是由白人女性塑造的。在塞西尔·B. 戴米勒拍摄的关于克里奥帕特拉的电影中，有

图21 电影《埃及艳后》（1963）中的一幕，伊丽莎白·泰勒扮演克里奥帕特拉，理查德·波顿扮演马克·安东尼

一个幼稚的人因询问克里奥帕特拉是否是黑人而被嘲笑。然而，也许是因为克里奥帕特拉已经成为整个埃及的鲜明标志，因此总有人试图宣称她不仅是纯粹的埃及血统，而且还是黑人女性。玛丽·汉默尔曾著有一本关于克里奥帕特拉之谜的书，她在书中这样评论：

> 对于克里奥帕特拉的身体，尤其是她的种族，目前又出现了新一轮的论战。美国的黑人种族主义者称克里奥帕特拉属于自己的种族，这样做无疑是为了追求黑人家庭及其生活方式所得不到的尊严和尊重。这种说法的反对者主要是白人学者。正如他们自己所说，为了捍卫"文明"和"科学知识"，他们坚持认为克里奥帕特拉不可能是黑人。

克里奥帕特拉之所以在20世纪到21世纪早期声名远播、长盛不衰，主要原因是电影和戏剧（例如萧伯纳的《恺撒和克娄巴特拉》）所带来的影响，而不是考古学。然而，最近法国和埃及在亚历山大里亚古代港口地区合作进行的发掘工作，展示了从沉在海底的托勒密和罗马时期的建筑物中找到的雕像和建筑物的碎片。事实上，整个工作被（埃及学家和记者）通俗地描述为发掘“克里奥帕特拉的宫殿”并不奇怪——克里奥帕特拉这个“商标”太有吸引力了，没人能拒绝（尼弗尔提提和克里奥帕特拉都是埃及香烟的名字）。法国海洋考古学家找到了两座雕像，其中一座暂被鉴定为恺撒利昂——克里奥帕特拉和恺撒的儿子，另一个则可能是女王的父亲，托勒密十一世。也许克里奥帕特拉的胸像就静静地躺在亚历山大里亚之外的海底，其耀眼程度足以与柏林的尼弗尔提提胸像相媲美。

太多“另类的”埃及？

在讨论埃赫纳吞、尼弗尔提提和克里奥帕特拉形象的塑造和解构时，我集中讨论了他们是如何被艺术家、作家及电影制片人改造和借鉴的。临近尾声，我还想讨论一下“另类的”埃及学家的出现。20 世纪 90 年代，当西方世界即将进入公元后的第二个千年时，一大批“新世纪”图书和纪录片出现一个大高潮，其中有一些提倡在考古学和古埃及文献中运用独立的、非学术性的方法。这种现象其实比埃及学出现得更早，约翰·泰勒和查尔斯·皮亚齐·史密斯等19世纪作家的理论中就有所体现，只是此时又卷土重来。

“另类的”埃及学家一般是运用一种拼凑组合的方法，选择他们想要的资料，忽略或放弃使用其他那些无法有力地证明他们论点的证据。这是因为他们通常在开头提出结论而不是问题，之后，他们遍寻资料以证明该结论。这种方法确实与传统的“以问题为中心”的考古学研究方法相对立。后者要求研究者由问题（例如：早王朝时期的王陵看起来像什么？）出发，然后考察并评估相关资料，以期找到一个或更多可能的答案。“另类的”研究者的特征也许就是类似“以结论为中心”的方法，可能在资料被汇集起来之前，一本书就可以轻松地完成了。拼凑组合这种方法有一个必然的结果，那就是“另类的”研究者偶尔会使用一些在传统学界中广为人知或得到公认的资料。以金字塔为例，埃及学家 I.E.S. 爱德华早就发表了观点，提出大金字塔上的“通风道”与天上星象能够排成一列，而时隔已久才出现了鲍威尔的畅销书《猎户星之谜》。同样，赫里奥波里斯和吉萨这两个地方之间存在着某种联系，从其中一个城市可以清楚地看到另一个城市的纪念物，如从赫里奥波里斯能看到吉萨的金字塔，从吉萨可以看到赫里奥波里斯的太阳神庙。对于这个现象，伦敦大学学院的讲师戴维·杰弗里斯已经进行了研究和阐述，在鲍威尔的假设中也有同样的观点。

在这本主要论述古埃及的考古和历史的书中，我只是粗浅地讨论了“另类的”解释埃及的方法以及现代的艺术家、建筑学家、作家、音乐家和剧作家如何改写并重新借用古埃及的思想、主题和故事，这些领域就像一片汪洋的大海。所有“另类的”埃及——从鲍里斯·卡洛夫的复活的木乃伊到伯纳德的“黑色雅典娜”和菲利普·格拉斯的歌剧版《埃赫纳吞》——都值得用几本书来写。

从“了不起的东西”到“了不起的人物”

“了不起的东西”这个词出自霍华德·卡特，当卡纳冯伯爵问他第一次看到图坦卡蒙墓室时看到了什么，卡特回答的正是这句话。这些“了不起的东西”不仅是古埃及，也是埃及学本身的魅力之一。欧洲人和美国人戴着（木髓制的）太阳帽，骑着骆驼，穿着他们爱德华七世时代最好的服装在王室墓地前搔首弄姿，再穿上奥斯曼人的华丽服饰，这些画面同所有留存至今的古埃及图像一样，构成了当代我们对埃及的看法。

现代作家阿加莎·克里斯蒂在1937年写了一本关于大侦探波罗的小说《尼罗河惨案》（1978年拍摄了同名电影），书中所描写的那个邪恶的游船世界可能是现代作家想象出来的对埃及的描写中最为流行的一个。书中的人物西蒙·道尔说过一段简短的话，以此来作为这本小书的结尾再好不过了：

你知道，我是个对神庙、游览这类事情不怎么感兴趣的人，但像这样的地方确实吸引人，如果你懂我意思的话。那些古埃及的法老们肯定是些了不起的人物。